一个真实的
爱因斯坦
An authentic Einstein

科学大师画传书系

方在庆 主编

北京大学出版社
PEKING UNIVERSITY PRESS

本书的出版得到了"中国科学院院长基金"和"中国科学院百人计划"的特别支持。特此致谢。

图书在版编目（CIP）数据

一个真实的爱因斯坦/方在庆主编. —北京：北京大学出版社，2006.5
（科学大师画传书系）
ISBN 7-301-10659-9

Ⅰ.一… Ⅱ.方… Ⅲ.爱因斯坦，A.(1879～1955) -传记-画册
Ⅳ.K837.126.11-64

中国版本图书馆CIP数据核字（2006）第040057号

书　　名：	一个真实的爱因斯坦
著作责任者：	方在庆　主编
策划编辑：	杨书澜
责任编辑：	许迎辉
标准书号：	ISBN 7-301-10659-9/K·0445
出版发行：	北京大学出版社
地　　址：	北京市海淀区成府路205号　100871
网　　址：	http://cbs.pku.edu.cn
电　　话：	邮购部 62752025　发行部 62750672　编辑部 62752824
印　刷　者：	北京汇林印务有限公司
经　销　者：	新华书店
	787毫米×1092毫米　16开本　18.5印张　300千字
	2006年5月第1版　2006年6月第2次印刷
定　　价：	38.00元

未经许可，不得以任何方式复制或抄袭本书之部分或全部内容。
版权所有，翻版必究

目 录
CONTENTS

序		1
前 言		3
第一部分	早年岁月	2
第二部分	求学时代	22
第三部分	伯尔尼岁月	44
第四部分	第一个科学高峰	62
第五部分	柏林时期	88
第六部分	作为犹太人	120
第七部分	第二个科学高峰	142
第八部分	旅途征人	156
第九部分	饱受怀疑	178
第十部分	上帝不掷骰子	198
第十一部分	晚年岁月	212
第十二部分	公众人物	242
爱因斯坦年表		275
参考文献		279
图片来源		282
致 谢		284

序

中国科学院院长　路甬祥

1902年2月5日的《伯尔尼城市报》有这样一则启事：

阿尔伯特·爱因斯坦，愿私人为大学生或中学生彻底讲授数学和物理学。本人持有苏黎世联邦工学院的教师资格证书，住正义街32号一楼。试听免费。

这是爱因斯坦的名字第一次出现在报刊上，也是他唯一一次用文字替自己做广告。那时爱因斯坦大学毕业已近两年，一文不名，远离学术界，但他并不气馁。四个月后，他摆脱了失业的困扰，被瑞士联邦专利局录为三级技术员。又过了三年，即被后人称为"爱因斯坦奇迹年"的1905年，26岁的爱因斯坦在德国著名的科学期刊《物理学纪事》(*Annalen der Physik*) 上发表了6篇论文，彻底改变了人们关于时间、空间、物质和能量的传统观念，具有划时代的意义。

为什么这些贡献是由爱因斯坦，而不是别人做出来的呢？我们注意到了上面启事中的"彻底"二字。爱因斯坦出生在一个宽容、理性、不信教的犹太家庭。他对宗教的怀疑，是在学习了一些通俗自然科学读物之后产生的。凡事都要追根问底，哪怕是对那些已得到公认的结论。在此基础上，试图寻找涵盖面更广的解释，从根本上彻底弄清来龙去脉。事实上，"彻底"二字作为主线贯穿他的一生。马赫的《力学史评》引起他的强烈共鸣，因为书中对牛顿力学的批判非常彻底；他和他的奥林比亚科学院成员热衷于研读休谟等哲学家的著作，因为这些哲学家试图从根本上为知识寻找一种坚固的根基。正是这种彻底性，使他从狭义相对论走到广义相对论，再到统一场论。他的成功与挫折，同时都与这种"彻底"性有关。

另一方面，爱因斯坦从小就生长在一个技术环境中。在大学期间，他将大部分时间用来做实验。后来他还与别人一起申请过多项专利。他是理论联系实际的高手，绝非坊间所说的纯理论家。

在当前"自主创新"已成为主导国家科技发展的战略目标时，纪念爱因斯坦具有很强的现实意义。中国要想屹立于世界民族之林，就必须要有自己的创新。这就要求不仅要有创新的思维和产品，还要有创新的管理方法、机制和体制。推进自主创新，建设创新型国家，是科技界义不容辞的历史责任。中国科学院作为国家战略科技力量，理应在推进自主创新、建设创新型国家的伟大事业中发挥不可替代的作用。

归根到底，无论对国家，还是个人，创造性都是一种美好而宝贵的品格。今年世界范围内轰轰烈烈地纪念爱因斯坦，我认为，这不是表示崇拜，只是表达对创造性的敬意和尊重。

希望这本画传的及时出版，能带给人们一些思考。

前 言

刘 钝

1905 年，26 岁的爱因斯坦还是瑞士联邦专利局的一个三级职员，名不见经传，远离学术中心，挈妇将雏，过着每周 6 天、每天 8 小时的上班族日子。尽管如此，他还是利用业余时间，进行自己钟爱的物理学研究，而他的创造力也在这一年里惊人地爆发，在著名的《物理学纪事》上一气发表了 6 篇重要论文。他引进了光量子假说，解释了布朗运动，提出了测定分子大小的新方法，揭示了质量与能量的关系；更重要的是，他创造的狭义相对论彻底改变了人们关于时间、空间、物质和能量的传统看法，在物理学和人类认知世界的历史上都具有划时代的意义。

2005 年是纪念"爱因斯坦奇迹年"100 周年，也是爱因斯坦逝世 50 周年和联合国发起的"世界物理年"，世界一些城市和著名的研究机构为此举办了形式多样的纪念活动。当我同来访的德国马普学会科学史研究所雷恩（Jürgen Renn）所长言及合作举办爱因斯坦展览计划时，他表示了极大的兴趣。雷恩是世界著名的中生代爱因斯坦专家，他的研究所拟在柏林举办一系列的学术与纪念活动，包括设在菩提树大街太子宫里的一个规模庞大的爱因斯坦展览。在中国举办展览的任务则由方在庆研究员负责，他是物理系出身，后来从事科学哲学与科学史研究，曾在德、奥留学多年，并翻译过包括《上帝不可捉摸》、《爱因斯坦·毕加索》在内的多部有关爱因斯坦的畅销书。接受布展任务后，方在庆又三次赴德考察和搜集资料。在他的领导下，工作小组以饱满的热情和严谨的态度出色地完成了任务。

第一次展览于2005年5月全国科普周期间在中国科学院文献情报中心举行，我们称之为"普及版"。第二次展览是一个中英双语的"学术版"，于2005年7月间在北京召开的第22届国际科学史大会期间揭幕，展场设在中国科技馆。中国科学院常务副院长白春礼院士和德国驻华大使史丹泽（Volker Stanzel）先生、瑞士驻华大使丹特·马提内利（Dante Candido Martinelli）先生共同剪彩。后来这个学术版又相继到北京数所中学，以及上海、苏州、合肥巡回展出，为中国学术界纪念爱因斯坦和"世界物理年"增添了光彩。

在筹备两次展览的过程中，方在庆和他的学生们也体验了学习的艰辛和快乐，同时积累了许多宝贵的图文资料。这本画传就是在上述工作的基础上完成的，它同两次布展有关，但又不完全等同于图片展览，编撰这本画传是一个再研究再认识的过程。

科学是爱因斯坦终生奉献的事业，而人类的命运也一直是他的关注对象。爱因斯坦不仅是伟大的科学家，也是一位具有很高天赋和独特风格的德语写作家、音乐爱好者、哲人和社会活动家。他是人类历史上绝无仅有的一位传奇人物，集多种角色于一身：丈夫、父亲、儿子、情人、良师、益友、犹太人、世界公民、社会良心、和平主义者、业余小提琴手、统一场理论的独行侠……总而言之，"生活在他自己世界里的一个古怪天才"。这本画册试图通过图片和背景资料来概述和诠释他的这些角色，以真实地反映他的生活经历、事业理想、喜怒哀乐、特立独行及其辉煌的一生。

神化爱因斯坦的书和文章太多了，这本画册挑战了爱因斯坦作为"世纪之人"的神秘形象。作者通过相关的历史背景信息，试图以一种引人入胜、易于理解的风格，将科学研究的历险尽可能多地呈现给公众，让爱因斯坦的科学成就及其对于现代科学的意义在它们的文化和社会背景中得到诠释，同时在政治和社会巨变的背景中再现爱因斯坦一生曲折的道路。

我们相信，在科学与文化史之间架设的桥梁，将为现代人开启一个全新的视角来看待爱因斯坦的一生，并以此激发广大民众特别是青少年的科学热情，提升整个民族的科学素养和创新意识。

爱因斯坦的一生开始于工业革命和艺术思潮蓬勃兴起的时代，结束于超级大国之间相互对抗、核战争一触即发的世界格局之中。在他诞生之初的19世纪后20年，处于上升时期的资产阶级和文艺先驱还具有决定性的影响，而在他辞世之时，他已经以一个宇宙揭秘者的身份成为人类智慧的代表和20世纪的文化象征。

早年岁月

爱因斯坦并非一个早慧的天才,他在中小学阶段也没有"神童"的表现。按照常规,比如记忆力、反应速度等来衡量,他确实并不突出。但他有许多超出常规的地方。比如,非凡的自学能力,善于思考等。从小就被技术世界包围的他,动手能力特别强。他所经过的两次"惊奇",将他引入奇妙的科学世界。他对音乐的热爱,也是在这个时期培养的。

诞生地乌尔姆

阿尔伯特·爱因斯坦（Albert Einstein）1879年3月14日诞生于德国南部的乌尔姆（Ulm）。爱因斯坦家族已在斯瓦比亚（Swabia）地区居住了两百多年。与大多数生活在德国的犹太商人或手工业者一样，他们家族既没有出现有特殊才智的人，也没有声名狼藉的人。

只是到了启蒙时代，德国的许多犹太人才选择走出其传统社群的狭隘世界，融入到德国社会中。在19世纪50年代，乌尔姆的犹太人扩张得很厉害。他们参与当地的经济、文化和政治生活。但比起蓬勃发展的慕尼黑，乌尔姆的发展天地又太小了。

第二次世界大战后，爱因斯坦出生的地方被夷为平地。图3是在原址上建

图1. 1870年的乌尔姆。远处的乌尔姆大教堂塔顶直到19世纪80年代才建好
图2. 爱因斯坦的出生地：德国乌尔姆市火车站大街135号，现已不存在
图3. 爱因斯坦出生地现址（方在庆 摄）

爱因斯坦铜像

的纪念柱。上面写有"1879年3月14日爱因斯坦诞生于此"的字样。离纪念柱不远,有印度人民送给乌尔姆市的礼物:爱因斯坦铜像。可惜的是,爱因斯坦的去世时间写成了1956年。

祖父母和父母

爱因斯坦的祖父是亚伯拉罕·爱因斯坦(Abraham Einstein, 1808 — 1868)。祖母是海伦·爱因斯坦[娘家姓莫斯](Helen Einstein neé Moos, 1814 — 1887)。

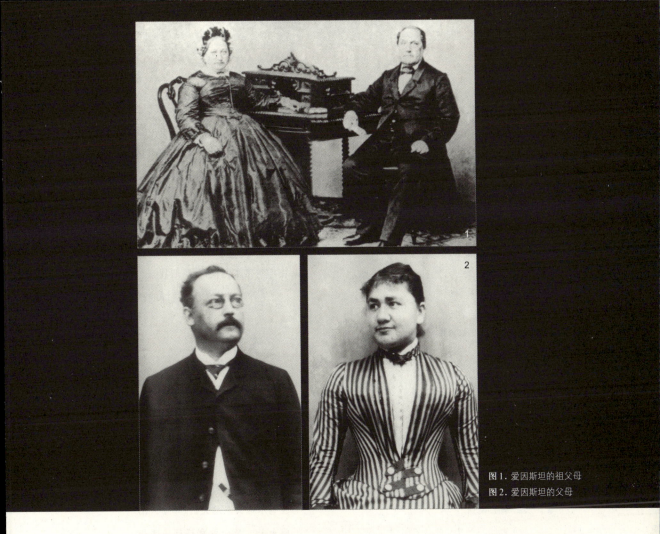

图1. 爱因斯坦的祖父母
图2. 爱因斯坦的父母

爱因斯坦的父亲是赫尔曼·爱因斯坦(Hermann Einstein, 1847—1902),母亲是保莉妮·爱因斯坦[娘家姓科赫](Pauline Einstein neé Koch, 1858—1920)

与其他中产阶级家庭一样,爱因斯坦的父母也非常重视教育和教养问题。他们相亲相爱。母亲个性很强,钢琴弹得很好。她把音乐带进家中,让孩子们从小接受音乐教育。父亲稳重、热心、与世无争,熟人都喜欢他。他爱好文学,晚上经常向家人朗读德国作家席勒和海涅的作品。他读中学时数学也有出色的表现,但由于家境不好,未能上大学。

有人认为爱因斯坦的天赋来自父母。但爱因斯坦反对这种说法。他认为,是好奇心、顽强的信念和坚韧不拔的毅力使他最终实现了自己的梦想。

励志绣花桌布

爱因斯坦的父母是德国犹太市民的典型代表。在他的房间里挂着中产阶级的行为准则。小阿尔伯特是在"Sich regen bringt Segen"("艰苦的工作本身带来回报",类似我国的"梅花香自苦寒来")这样的格言下长大的。

出生证

字第224号

乌尔姆,1879年3月15日。

商人赫尔曼·爱因斯坦,家住乌尔姆火车站大街135号,信犹太教,来向本户籍员陈述如下:妻子,保莉妮·爱因斯坦,娘家姓科赫,信犹太教,于1879年3月14日上午11:30,在乌尔姆家中生一男婴,名阿尔伯特。所述确实。

签名:赫尔曼·爱因斯坦

登记者:哈特曼

图1. 爱因斯坦家里的励志绣花桌布
图2. 爱因斯坦的出生证

爱因斯坦三岁时的照片，1882年。这是目前已知的他的最早照片

迁居慕尼黑

  1880年，在爱因斯坦的叔叔雅可布·爱因斯坦的劝说下，爱因斯坦全家迁往巴伐利亚王国的首府慕尼黑。随着1871年德意志帝国的建立，巴伐利亚王国成了德意志帝国的一部分，但仍保留国王，保持着某种程度的自治。比起德国的其他州，巴伐利亚在政治上更自由一些。许多巴伐利亚人对于自己的南德身份非常自豪，而与普鲁士的那种军国主义划清界限。

1889年时的施瓦宾电站

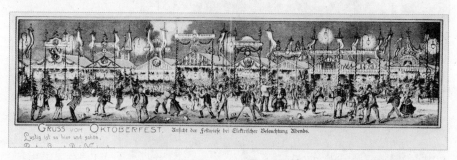

1885年左右的明信片：十月节第一次装上电灯，慕尼黑

爱因斯坦生活在一个本身就在急剧变化的城市中。19世纪80年代，慕尼黑建立了许多企业。慕尼黑朝着一个工业城市的方向发展。城市居民每年增加17 000人。19世纪90年代，慕尼黑开始电气化。首先是城市用电灯照明，其次是引入电车。

在爱因斯坦外公的资助下，爱因斯坦的父亲和叔叔雅可布于1876年在慕尼黑建立了一个"水供应与集中供热"的工厂，生产发电机、弧光灯，并为城市电厂和照明系统生产测量设备。1885年，慕尼黑的十月节第一次用上电灯，这就是爱因斯坦公司安装的。1889年他们的公司为德国体操节照亮了慕尼黑的赛场，还为慕尼黑的知识分子聚集区施瓦宾区安装了最早的照明系统。

妹妹玛雅

玛雅（Maja Winteler-Einstein, 1881—1951）不仅是爱因斯坦的妹妹，也是他童年以来最信任的人。1910年，她与保罗·温德勒结婚，他是爱因斯坦在瑞士阿劳补习时的房东家的儿子。此前一年，玛雅获得了罗曼语文学的博士学位。她常去柏林拜访兄长，在那里，她作为大学里第一批女生之一学习了几个学期。"二战"爆发前夕，她投奔已在普林斯顿定居的兄长。后因身患中风，卧床不起，"二战"结束后留在美国。"在过去的那些年里，我每天晚上都要给她朗读那些最精致的文学作品"，爱因斯坦在他妹妹去世后对一个朋友说："别人无法想象我是多么舍不得她。"

爱因斯坦和妹妹玛雅，1884年，爱因斯坦5岁，妹妹3岁

玛雅与温德勒的结婚照，1910年

年轻时的玛雅

玛雅与母亲

爱因斯坦晚年与妹妹玛雅

第一次惊奇

爱因斯坦直到三岁还不能正确地讲话。他不喜欢与同龄人一起玩耍,也不喜欢玩大部分男孩都喜欢的军事游戏。

四五岁时,爱因斯坦从父亲那里收到了一个作为生日礼物的罗盘。这个简单的仪表深深地吸引了他。他对指针为什么转动感到好奇,尽管他不可能明白其中的原因。这种"好奇"对爱因斯坦的整个一生都特别重要,它成为反思的出发点,因而也成为科学的出发点。

"一定有什么东西深藏在事情背后……[我们的]思维世界的发展,从某种意义上说,就是对惊奇的不断摆脱。"

——爱因斯坦:《自述》

罗盘

这种个人经历对儿童成长的作用,比正规的学校教育要大得多。

差不多到六岁时,爱因斯坦开始学小提琴。小提琴成为除了物理学外,他终生的另一挚爱。

不愿上学的好学生

1885年10月1日,爱因斯坦开始在慕尼黑的一所公立学校学习。他直接上二年级。在学校里他总是得高分,他的父母负责看管他的家庭作业。

他是班上唯一具有犹太血统的人,小学的同学大都轻视他。1920年4月3日,他曾回忆道:"反犹主义在小学的孩子们中间尤其广泛。暴力攻击和恶言辱骂在上学的路上时有发生。"这些经历唤起他的一种"深深的孤独感"。

学校里枯燥乏味的训练让他难以忍受。

电气展

1881年,首届国际电气展在巴黎开幕。十年之后,1891年在美因河畔的法兰克福国际电气展上,高压电流远距离传输首次展示成功,这为电气工业的进一步拓展铺平了道路。电气技术似乎为广泛的繁荣和持续的经济增长提供了特别的保证。在法兰克福,展示其产品的参展者之一是来自慕尼黑的"爱因斯坦工厂"。它的发电机为一个啤酒厅、一个咖啡厅、一个迷宫和一个射击场提供了照明。

1880—1894年间,爱因斯坦公司雇用了150—200名工人。

爱因斯坦家生产的发电机

爱因斯坦家生产的电表

家道中落

一开始,爱因斯坦的叔叔和父亲合办的公司和工厂生意还不错。他们家在慕尼黑郊区森德林(Sendling,现已成为慕尼黑的一部分)有一个很大的院子,里面绿树成荫,家里的摆设也颇时尚。

逐渐地,兄弟俩就感受到了来自新的、大型的电气企业的压力。爱因斯坦兄弟俩的资产不足以挽救公司。赫尔曼不得已好几次以自己的房子做抵押,从银行贷款,但银行的贷款也不能让公司起死回生。公司的订单在19世纪90年代前期开始恶化,他们的产品跟不上技术发展的步伐。公司的业务后来被德国通用电气公司(AEG)在1894年取代,不得已于1894年举家移居意大利帕维亚。1894年,爱因斯坦兄弟和工程师伽罗尼在帕维亚建立了一个新的电气工厂。

爱因斯坦家餐厅里的瓷器,右边的咖啡杯上印有爱因斯坦五岁时的像

爱因斯坦就读的卢伊特波尔德高级中学,"二战"中被毁

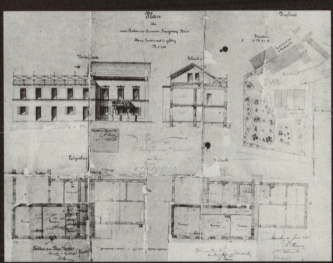

爱因斯坦家在电气工厂内的住宅图。从住宅图可以看出爱因斯坦家住房之宽敞。爱因斯坦和妹妹小时常在里面玩耍。后来,父亲生意失败,不得已房子也被迫抵押。原本就不爱多言的父亲,更是愁眉苦脸,沉默寡言。爱因斯坦亲眼见自己喜爱的大树被砍掉。资本主义的残酷性在他幼小的心灵中留下了很深的印迹。

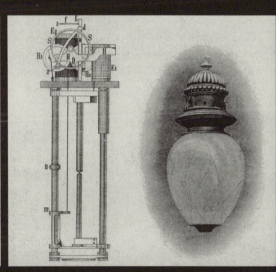

爱因斯坦工厂生产的弧光灯,1891年

雅可布·爱因斯坦1876年建立的水供应和集中供热工厂的广告

1891年爱因斯坦电气工厂在法兰克福国际展览会上的宣传材料

爱因斯坦—伽罗尼公司1896年产品目录扉页

爱因斯坦家在意大利北方城市帕维亚的工厂，1900年

帕维亚的爱因斯坦—伽罗尼工厂（综合楼左翼）

爱因斯坦家在帕维亚房子的壁画

爱因斯坦家在帕维亚住处的庭院（柱廊）

赫尔曼用从妻弟鲁道夫那里借来的钱进行了新的尝试，1898年和1900年分别在意大利北部两个城镇安装照明系统。在这两次中，他自己承担了安装费用，并向市镇索要街道照明的固定价格，向私人顾客出售额外的电力。

第二次惊奇

爱因斯坦很小就对智力游戏和解决物理与几何问题感兴趣。这些兴趣受到他的家庭环境和工厂氛围所鼓舞。另一方面,当他还是一个相当早熟的少年时,他"就已经深切地意识到,大多数人终生无休止地追逐的那些希望和努力是毫无价值的"。

在爱因斯坦 12 岁生日时,塔耳梅送给他一本欧几里得几何学的教科书,被爱因斯坦称之为"神圣的几何学小书"。这是另一个让他感到"惊奇"的学科,因为它的反直觉的断言能够"被如此精确地证明,以至于任何怀疑都是不可能的"。

印象有时是具有欺骗性的。只有极少数老师知道这个男孩在想什么。死记硬背的重复学习,让他感到厌烦。喜欢公开表示这种担忧的爱因斯坦常常与教师发生冲突。

《几何学教科书》的封面

爱因斯坦的班级照,1889 年。前排右起第三人为爱因斯坦,他是照片中唯一微笑的孩子

科学启蒙老师

塔耳梅（Max Talmey, 1869 — 1941）是一名学医的犹太学生，家境贫寒。按照犹太习俗，他每周在爱因斯坦家吃一顿午餐。对于年轻的爱因斯坦来说，塔耳梅更像一位精神上的"父亲"。他推荐爱因斯坦读了一些通俗科学读物，从而引发爱因斯坦对物理学问题的浓厚兴趣。他也第一次给爱因斯坦灌输了科学的国际主义精神、科学的世界观意义和社会意义。

爱因斯坦的科学启蒙老师塔耳梅

塔耳梅推荐爱因斯坦读了许多通俗科学读物，例如伯恩斯坦（Aaron Bernstein）的《通俗科学大众读本》第一卷，毕希纳（Ludwig Büchner）的《力与物质》。

《通俗科学大众读本》（第一卷）和《力与物质》封面

第一篇科学论文

在爱因斯坦全家移居米兰后，他一个人被留在慕尼黑。然而，爱因斯坦对学校军事风格的训练厌恶之极，他已经16岁了，担心会去服兵役。于是没跟父母商量，那年年底他决定来意大利和他们团聚。他的突然到来，令父母很不安。他答应他们，将自学准备苏黎世联邦工学院的入学考试，还告诉他们，他想放弃德国国籍。1895年10月，他参加了苏黎世联邦工学院的考试。尽管他的数学和自然科学考得很好，但还是失败了。

那一年，他写了第一篇物理论文：《关于磁场的以太状态研究》。他把它送给远在比利时的舅舅科赫。与那个时代的物理学相一致，他假设了一个充满全部空间的弹性物质——以太的存在。爱因斯坦研究了磁场对以太的影响问题。这种场引起了以太的机械形变，而以太影响了场内电磁波的传播速度。力学和电动力学之间的边界问题在1905年同样缠绕着他，它们形成了狭义相对论的出发点——即对以太观念的放弃。

爱因斯坦的舅舅其实并不懂科学。这封信的真实目的，主要还是想让父母放心。

爱因斯坦的舅舅科赫，约1910年

Über die Untersuchung des Ätherzustandes im magnetischen Felde.

Nachfolgenden Zeilen sind der erste bescheidene Ausdruck einiger einfacher Gedanken über das schwierige Thema. Mit gewissem Zagen dringe ich einhalber in einen Aufsatz zusammen, der eher nur eine Programm als eine Abhandlung enthält. Weil es mir aber vollständig an Material fehlte, um tiefer in die Sache eindringen zu können, als es das bloße Nachdenken gestattete, so bitte ich, mir diese Aussetzen nicht als Oberflächlichkeit auszulegen. Mögen die Nachsicht des geneigten Lesers im bescheidenen Gefühle entsprechen, mit dem ich ihm diese Zeilen übergebe.

爱因斯坦的第一篇科学论文的首页，1895年

求学时代

爱因斯坦接受联邦工学院院长赫尔佐克的建议,来到瑞士阿劳地区的一所州立中学补习,一年后得到文凭,顺利进入苏黎世联邦工学院学习,从此开始了他在苏黎世的求学时代。

除了花大量时间亲手做实验外,他主要通过自学来了解科学进展。他对物理学的兴趣远大于数学。

在大学期间,他结识了几位终生受益的朋友,当然,还有他的第一位妻子。

第二部分

幸遇良师

爱因斯坦在阿劳中学补习时住在校长温特勒（Jost Winteler, 1846 — 1929）家中。爱因斯坦很尊敬他，也非常喜欢温特勒夫人，还与他们的七个孩子相处融洽，像一家人一样。阿劳中学的"自由精神和那些毫不依附任何外来权威的老师们自然独特的思想"给爱因斯坦留下了不可磨灭的印象。爱因斯坦感到"自由行动和自我负责的教育，比起那种依赖训练、外界权威和追求名利的教育"要优越得多。

图 1. 中学时代的爱因斯坦，1893 年
图 2. 爱因斯坦在阿劳中学，讲课者为温特勒
图 3. 爱因斯坦就读的阿劳中学
图 4. 爱因斯坦在阿劳中学的毕业成绩单，满分是 6 分。他的物理、代数、几何、历史等科均为最高分
图 5. 中学校长温特勒，约 1880 年
图 6. 17 岁时的爱因斯坦

未来的计划

爱因斯坦中学毕业时的法语作文:《未来的计划》

一个幸福的人对现在感到太满意就不可能对未来思考太多。另一方面,年轻人喜欢献身于大胆的计划。而对一个严肃的青年来说,尽可能准确地去认识他适当的目标是什么,是很自然的事情。

如果运气好,能通过考试,我将去苏黎世[联邦工学院]。我会在那儿学4年数学和物理。我想象自己会成为那些自然科学分支领域里的一名老师,我想我会更喜欢其中的理论部分。

引导我走向这个计划的是这样一些理由。首先,是因为[我]倾向于抽象思维和数学思维,而且,[我]缺乏想象力和实践能力。我的愿望也激励我下同样的决心,那是很自然的,人总是喜欢做他有能力做的事情。而且,科学事业还存在着一定的独立性,那正是我所喜欢的。

爱因斯坦的中学毕业照,前排左起第一人为爱因斯坦,1896年

从这张毕业照上我们可以看到一个自信的,甚至还可能有点自负的青年。小时候的胆怯一点影子都没有了

初 恋

爱因斯坦与温特勒老师18岁的女儿玛丽·温特勒（Marie Winteler）之间很快擦出火花。他们的关系具有年轻人初恋的所有特征。玛丽在音乐方面的天赋增添了艺术家的热情。

当爱因斯坦上大学后，他与玛丽的关系并没有维持下来。为此，他写信给温特勒夫人："紧张的工作和对上帝本性的沉思，是我的天使，尽管冷酷无情，却使我安宁，令我坚强，它将领引我走过生活的喧嚣。"

爱因斯坦的初恋对象玛丽

另一方面，爱因斯坦继续把他的脏衣服寄送给玛丽，甚至在遇到大学同学米列娃·玛利奇，并与她谈恋爱时还是如此；玛丽总是把衣服洗干净后，及时地邮给他。

一些年以后，玛丽把她与爱因斯坦的关系描述为一种"理想的爱情"。1911年，玛丽与一个叫阿尔伯特·缪勒（Albert Müller）的工厂经理结婚。两人育有二子，1938年离异。20年以后，玛丽死于一个精神病院。

爱因斯坦的妹妹玛雅与温特勒一家

爱因斯坦与温特勒一家

大学时代

1896年10月29日，爱因斯坦开始在苏黎世联邦工学院就读。他所在的六A部是为中学培养数学和物理老师的。在那里，他遇到了他未来的妻子米列娃，也遇到了两个帮他度过诸多麻烦的朋友格罗斯曼和贝索。

他的老师有闵可夫斯基（Hermann Minkowski, 1864 — 1909）、胡尔维茨（Adolf Hurwitz, 1859 — 1919）和韦伯（Heinrich F. Weber, 1843 — 1912）等。

爱因斯坦的大学时代以自学和关注实验著称。大部分时间他都在物理实验室里工作。直接观察与接触实验让他着迷。他偶尔也会去听音乐会或去歌剧院，或在某个咖啡馆和朋友谈天。

爱因斯坦的大学生活并不热闹，但也不孤独。格罗斯曼是一位让人信赖的朋友，他的课堂笔记对于爱因斯坦的考试帮助很大。学机械制造的贝索，是在一次音乐会上认识的。他与贝索都喜欢音乐。弗里德里希·阿德勒让爱因斯坦相信社会主义的公正，但并没有让他参加任何党派。

图1. 大学时代的爱因斯坦，意气风发，时年19岁，1898年
图2. Odeon 咖啡馆外景，爱因斯坦与朋友常来这里聊天（方在庆 摄）

曾因逃课受训斥

由于大学里没有太多他感兴趣的理论物理学课程,爱因斯坦常常逃课。他主要通过自学来了解最新的研究进展。大学三年级时,他曾有过一段困难时期。《初级物理实验》这门课他得了一个最低分,1分(满分为6分)。

苏黎世联邦工学院的主楼

爱因斯坦在苏黎世联邦工学院当学生时的物理楼

大学实验室(方在庆 摄)

闵可夫斯基是爱因斯坦在苏黎世联邦工学院时的数学老师。由于爱因斯坦并不主动学习数学，闵可夫斯基曾戏称他为"懒狗"，说他根本就不关心数学。后来闵可夫斯基把相对论表述为四维时空的几何学，从而为这一理论提供了一个数学框架。

胡尔维茨是爱因斯坦在苏黎世联邦工学院的另一位数学老师。他与爱因斯坦关系密切。爱因斯坦毕业后还与他保持联系。后来，爱因斯坦回到母校任教时，常与他一起演奏音乐。

韦伯是爱因斯坦在苏黎世联邦工学院时的物理老师。由于爱因斯坦主要是自学，韦伯的物理课没给他留下什么印象。但爱因斯坦上过韦伯的实验课。爱因斯坦与韦伯的关系不好。据说，有一次韦伯曾对他说："爱因斯坦，你是个聪明的小伙子，非常聪明。但是你有一个很大的毛病，你听不进别人的话。"由于韦伯的反对，毕业后爱因斯坦无法留校。"我……想找一个大学助教的职位。如果韦伯不跟我玩欺骗的把戏，我早就获得了这种职位。"

闵可夫斯基

胡尔维茨

韦伯

同学、朋友、恋人

爱因斯坦所在的数理师范系（六A部）只有五个同学。格罗斯曼（Marcel Grossmann，1878—1936）、埃拉特（Jakob Ehrat，1876—1960）、科尔洛斯（Louis Kollros，1878—1959）和米列娃（Mileva Marić，1875—1948）。大学毕业时，前三位都顺理成章地获得了大学的助教职位。班上唯一的女同学米列娃没有通过考试。爱因斯坦失业。爱因斯坦与米列娃从友情发展成爱情。

同学埃拉特

同学科尔洛斯

同学格罗斯曼，1920年

格罗斯曼不仅是爱因斯坦在苏黎世联邦工学院的同学和朋友，还是他研究广义相对论的伙伴。格罗斯曼攻读的是数学，撰写了关于非欧几何学的博士论文。

格罗斯曼曾在爱因斯坦人生的几个关键点上帮助过他。在大学期间，他曾把课堂笔记借给爱因斯坦，以帮助他度过考试难关。后来，也正是得益于格罗斯曼父亲的帮助，爱因斯坦才在伯尔尼的瑞士联邦专利局获得一份工作。爱因斯坦将他的博士论文献给格罗斯曼，便是他们之间深厚友谊的一个明证。也是得益于格罗斯曼等人的努力，爱因斯坦才得以从布拉格迅速回母校执教。

当爱因斯坦1912年意识到广义相对论和非欧几何存在某种联系时，便向这位数学家朋友求助。于是，他们开始共同探求引力场方程。在格罗斯曼的帮助下，爱因斯坦找到了一个正确答案，但当时他并未接受，而是和格罗斯曼在1913年发表了一个临时方案——所谓的"提纲理论"（Entwurf Theorie）。1915年爱因斯坦回到了最初的正确答案。

格罗斯曼自1907年起担任苏黎世联邦工学院教授，1920年患上多发性硬化，1927年退休。

1936年9月20日爱因斯坦在写给格罗斯曼遗孀的慰问信中表达了对他的感谢。

亲爱的格罗斯曼夫人：

昨天在一堆没有拆开的信中我发现了一个镶黑边的信封，拆开一看，才知道我亲爱的老朋友格罗斯曼已经去世了。……他是一个无可指摘的学生；我自己却是一个离经叛道的和喜欢梦想的人。他同老师的关系搞得很好，而且宽容一切；而我却是一个流浪汉，心怀不满，也不为人所喜欢。但是我们却是好朋友，我们每两三个星期就要到"都会咖啡店"去，一边喝冰咖啡，一边聊天，这是我最愉快的回忆。后来，我们的学业结束了——我突然被人抛弃，站在生活的门槛上不知如何是好。但是他援助了我，感谢他和他父亲的帮助，我后来在专利局找到了一个跟

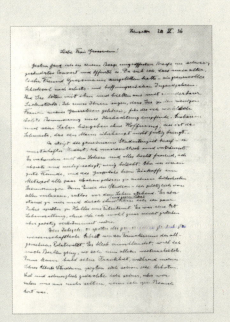

爱因斯坦写给格罗斯曼遗孀的信

着哈勒工作的职位。这对我是一种拯救，要不然，即使未必死去，我也会在智力上被摧毁的。而且，十年以后，在广义相对论的形式体系方面，我们一道狂热地工作。这项工作由于我去柏林而没有完成，在柏林我一个人继续搞下去。以后他病了。……但有一件事还是美好的：我们整个一生始终是朋友。

……

米列娃

米列娃出生在塞尔维亚（当时属奥匈帝国）一个信仰希腊正教的家庭。她在中学时就显示出对数学和物理的热爱，总是得到最高分。他的父亲非常开通，让她到瑞士和德国学习。

瑞士在女性教育方面当时是欧洲最领先的。在欧洲的许多大学还不允许女生入学的情况下，瑞士的所有大学都对女生开放。1906年，苏黎世大学的学生中25%为女生；其中的90%来自国外。

米列娃最初在海德堡学习，1894年转到苏黎世女子高中。1896年她从伯尔尼医学院退学，转到苏黎世联邦工学院学物理。她是苏黎世联邦工学院数学系的第一个女生。也正是在那里，她结识了爱因斯坦，并和他一起探讨了他们共同感兴趣的物理问题。

在那个时代，大学毕业后找不到工作，是大部分女大学生的命运。即使找到了工作，也要为家庭操心。最后的结果很可能是为了家庭而牺牲职业。米列娃在学业上不太顺利，两次考试都未获通过，只得肄业。她在学术上的理想破灭了。

米列娃，约摄于1896年

米列娃长得俊俏,但因患小儿麻痹,有点跛脚,又比爱因斯坦大三岁,因此她与爱因斯坦之间的友情遭到了爱因斯坦父母的强烈反对,尤其是爱因斯坦的母亲更是想尽一切办法来阻止他们之间的结合。但他们之间的友谊还是进一步发展成为恋爱关系。1902年,她未婚生下女儿小莉色儿(Liserl)。由于爱因斯坦的工作没有着落,他们决定将女儿托人收养。1903年他们结婚,后来又生了两个儿子。由于性格不合,1919年他们最终离婚。

尽管爱因斯坦与米列娃离婚了,但他仍关心她的安全。在纳粹上台后,爱因斯坦希望米列娃离开瑞士,回到她的出生地南斯拉夫。米列娃没有听他的意见。幸运的是,南斯拉夫后被德军占领,而瑞士却没受打扰。此后米列娃直到去世都生活在苏黎世。她的晚年饱受病痛折磨,生活颇为凄惨。

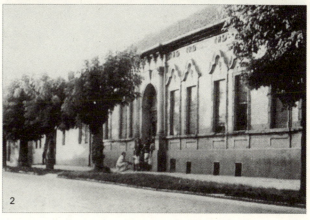

图1. 米列娃15岁时所作的素描
图2. 米列娃家在诺维萨德(Novi Sad)的房子

图1. 米列娃与父母、姐妹在一起
图2. 米列娃（左一）与儿子汉斯·阿尔伯特、弟弟、表妹和婶婶在一起，约摄于1907年
图3. 米列娃（左一）与好朋友
图4. 米列娃（右一）与弟妹

"小莉色儿"

1901年，米列娃怀孕了。1902年1月，她在老家生下女儿"小莉色儿"。爱因斯坦从未见过他的女儿。

"我钟爱的小宝贝！

可怜可爱的小宝贝，你一定遭到什么大劫大难，自己连一封给我的信也不能再写了！……这孩子如你希望的那样，真的成了一个小莉色儿。她确实健康而且哭闹得厉害吗？她究竟有一双什么样的小眼睛？在我们俩之中她看上去更像谁呢？究竟是谁给她喂奶呢？她也觉得饥饿吗？是完完全全秃顶吗？我非常爱她，可是我还一点也不了解她！在你完全恢复健康之前，难道就不能给她照张相片吗？她很快就能把她的眼睛转向某个东西吧？你现在就能进行种种观察。我也想有一天自己生一个小莉色儿，那必定会非常有趣！她肯定已经会哭泣了，但是她要很晚才学会笑。这里面存在着深邃的道理。当你又觉得好一点的时候，一定要为我画一张她的像！……"

图1．米列娃的妹妹佐尔卡（Zorka Marić）抱着一位身份不明的小孩，约摄于1903年。有人认为这是爱因斯坦的女儿"小莉色儿"。没有其他材料佐证

图2．爱因斯坦1902年2月4日写给米列娃的信

Part 2 求学时代

"没有你,我的生命就不是生命!"

爱因斯坦对米列娃的称呼从一开始的"亲爱的小姐"(Liebes Fräulein)到后来的"亲爱的小多莉"(Liebes Doxerl)。阿尔伯特也相应地变成了"小约翰斯"(Johanzel)。信中充满了小型化的爱称和用语上的游戏,随处可见终生相爱的誓言。爱因斯坦在 1900 年 8 月 14 日写道:"没有你,我缺乏自信,缺乏工作的热情,缺乏生活的享受——总之,没有你,我的生命就不是生命!"

爱因斯坦与米列娃在伯尔尼家的阳台

到你成为我亲爱的妻子的时候,我们要充满热情地一道从事科学工作,而且到老也不变为庸人,对吗?!我觉得我妹妹心胸就很狭窄。我决不允许你变成这种人,那对我是不堪忍受的。你必须永远保持为我的女妖和我的满街游荡的小子。

——爱因斯坦 1901 年 12 月 28 日写给米列娃的信

理智与情感的结合

爱因斯坦与米列娃的恋情充满了他独有的浪漫情调。他写给米列娃的非常热烈的情书常常也充满了物理内

爱因斯坦到伯尔尼之后,在给米列娃的第一封信中描绘了他的新房间,并附上这张小图

容,而且爱因斯坦具有这样的本领:能在物理学和个人情感之间自由地跳跃。他的理想是把两者结合起来。

1899年8月10日,有一种非常浪漫的,至少是异常大胆的段落——"你是精力非常充沛的一个女孩,在你娇小的身体中具有这么多的生命力。"——突然他就转向物理学:"我把亥姆霍兹的书还了,现在开始重读赫兹的电力传播"。接着又是更多的物理学内容,然后突然又说:"如果你能够在这里与我呆一会儿,那该多好!……"

他对工作的热情和对米列娃的爱,在其信中随处可见。他的个人生活方式影响了他的科学工作的进程。他非常激动地给米列娃写信,谈他的新想法。她也回同样性质的信,她也是同样的人。在他们关系的早期岁月里,她很高兴能帮助他、鼓励他。

改变国籍

在大学期间,他决定加入瑞士国籍。

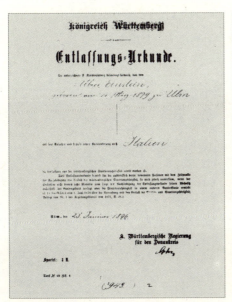

1896年1月28日,爱因斯坦提出放弃符腾堡(德国)国籍的请求得到批准

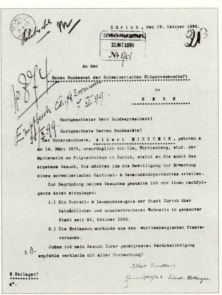

1899年10月19日,爱因斯坦提出加入瑞士国籍的申请

爱因斯坦瑞士护照，1923年6月23日签发。从1901年开始，爱因斯坦成为瑞士公民。

1901年3月31日，他被免除服兵役，因为他的医学检查表明，他有平足、静脉曲张和汗脚，因而被归为"不适合服兵役"。他必须定期交"兵役税"，一直到他42岁为止。

兵役册第一页

失业无助

爱因斯坦大学毕业后并没有找到合适的工作。他向许多学术机构发出了求职信，但都石沉大海。

1901年3月，爱因斯坦把发表在《物理学纪事》上的第一篇论文的油印本寄给了莱比锡大学著名的化学教授奥斯特瓦尔德（Friedrich Wilhelm Ostwald, 1853—1932），并附了一封信。他在信中问道："您是否用得着一位熟悉绝对测量的数学物理工作者？"从爱因斯坦的父亲给奥斯特瓦尔德的信中，我们看到爱因斯坦有点沮丧："我儿子对他当前的失业状态很难过。他一天天感到自己的生活失去了方向……他压力很大，以为是我们的累赘，因为家里并不富裕。"赫尔曼请求奥斯特瓦尔德至少对儿子的论文说几句鼓励的话，但未能如愿。

九年后，奥斯特瓦尔德和爱因斯坦同时在日内瓦接受荣誉博士学位。又过了一年，奥斯特瓦尔德第一个提名爱因斯坦获诺贝尔奖。

奥斯特瓦尔德

爱因斯坦写给奥斯特瓦尔德的信

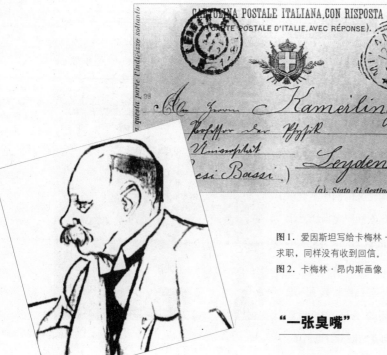

图1. 爱因斯坦写给卡梅林·昂内斯（Kamerling Ones）的明信片，求职，同样没有收到回信。
图2. 卡梅林·昂内斯画像

"一张臭嘴"

爱因斯坦一生的工作与风格中存在一些显著的、令人困惑的对立倾向。这种对立所产生的张力或许就是爱因斯坦创造力的源泉。一方面渴望权威人物的承认，受不了他们的轻蔑；另一方面，为了反抗权威，需要向权威人物表现独立性（以及偶尔的大胆反抗）。爱因斯坦1901年7月8日在写给温特勒的信中说："对权威的愚忠是真理最大的敌人。"这可以看成是他的基本态度。

米列娃也察觉到了这一点。她觉得爱因斯坦本来就高度愤世嫉俗、不断批判谴责的做法，由于失业找不到工作，现在变得更加厉害了。大约在1901年11月末和12月中旬之间，她写信给好友说，除去爱因斯坦是犹太人不说，"[阿尔伯特]马上就得到一个可靠的职位似乎是不可能的；你知道我的爱人有一张臭嘴"。

1901年6月4日，爱因斯坦写信给米列娃，说他将准备给著名的物理学家德鲁德（Paul Drude, 1863—1906）写信，批评他最新提出的电子论，对于这个批评"他将很难提出一个合理的反驳意见，因为我的批评是非常直接

德鲁德

的"。德鲁德的回信让他非常不高兴。"这明显地证明它的作者非常可怜。……从现在起我决不向这样的人求助,而是要冷酷无情地在期刊上给予他应得的抨击。如果人会逐渐变得愤世嫉俗,那是毫不足怪的。"

矢志不渝

经过多次挫折,爱因斯坦终于找到了一份在中学代课的临时工作。1901年5月,他任温特图尔(Winterthur)技术学院代课教师。9月开始,他被聘为夏夫豪森一所私立学校的教员,三个月后又失业了。12月,他向伯尔尼联邦专利局提出申请。1902年他搬到伯尔尼,接受了专利局的一个技术专家的职位。同一年,爱因斯坦初为人父,他的女儿小莉色儿诞生。第二年他与米列娃结婚,1904年,他的儿子汉斯·阿尔伯特诞生。在他来到伯尔尼后不久,他与他的朋友索洛文和哈比希特建立了"奥林匹亚科学院"。

爱因斯坦代过课的温特图尔技术学院,1901年5月16日至7月11日

爱因斯坦1901年末在夏夫豪森的住处

伯尔尼岁月

正是在伯尔尼，爱因斯坦结束了失业状态，第一次不用为生活发愁。他成了联邦专利局的三级职员。他正式结婚了，有了孩子，又有了几位好朋友。他在这里发表了彻底改变整个物理学的四篇论文。伯尔尼也就有理由成为物理学的"麦加"。

家教广告

1902年初,爱因斯坦迁居伯尔尼。正是在这里,他度过一生中最富创造力的年华。刚到伯尔尼时,爱因斯坦的处境并不好。他的生活来源是靠家里给的一点儿钱和做数学和物理家教的收入。

阿尔伯特·爱因斯坦,愿私人为大学生或中学生彻底讲授数学和物理学。本人持有苏黎世联邦工学院的教师资格证书,住正义街32号一楼。试听免费。

这是爱因斯坦的名字第一次出现在报刊上,而且也是他唯一一次用文字替自己做广告。当年1月,他的(非婚生)女儿小莉色儿已经出生,此时他急需赚钱养家糊口。

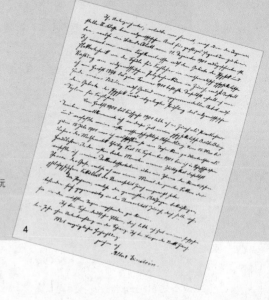

图1. 伯尔尼(方在庆 摄)
图2. 1902年2月5日爱因斯坦在《伯尔尼城市报》上刊登的启事
图3. 1902年暑假,爱因斯坦与亲戚们一起在的里雅斯特(Triest)的一条河上游玩
图4. 爱因斯坦递交给专利局的求职申请书

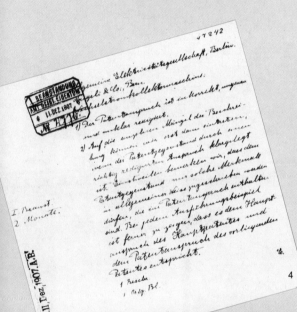

图1. 联邦专利局局长哈勒博士（Friedrich Haller, 1844—1936）
图2. 1902—1905年爱因斯坦在专利局的办公室内景
图3. 1905—1909年爱因斯坦在专利局的办公室外景（下排左起第二间）
图4. 爱因斯坦写的专利鉴定书
图5. 爱因斯坦的办公桌（方在庆 摄）

初为人父

爱因斯坦与米列娃的结婚照，1903年

爱因斯坦的父亲临终前勉强同意了儿子的婚事。弥留之际，他要求每一个人都走开，让他一个人死去。爱因斯坦一想起这一刻，就感到内疚。他和米列娃于1903年1月6日结婚，双方父母都没有参加。当天晚上办了一个小型聚会。晚会过后，夫妇俩回家时，爱因斯坦不得不喊醒房东开门，因为他忘记带钥匙了。这或许是某种象征。很久以后，爱因斯坦还念念不忘他走进婚姻时内心的那种抵触情绪。

到了1904年9月，爱因斯坦正式转为三级职员，他的年薪为3500瑞士法郎。这让他能过一个相当舒适的生活。年轻夫妇似乎也很快乐，尽管这场婚姻从一开始就处于紧张状态。

爱因斯坦与米列娃

爱因斯坦与米列娃及长子汉斯，1904年

米列娃与汉斯，约1907年

爱因斯坦1953年4月3日写给索罗文的信，信中回忆了在伯尔尼的美好时光，认为他们的奥林匹亚科学院不比其他任何科学院差

奥林匹亚科学院的三位成员：哈比希特、索罗文和爱因斯坦

发明专利

爱因斯坦从小生长在一个被技术包围的氛围中,他在专利局的工作更加深了他对技术细节的爱好。与大多数人认为他是一个只会做"思想实验"的理论物理学家的形象相反,他也是一个爱好实用技术的人。他和西拉德合作申请了许多专利。其中8个是向德国,6个是向英国,1个是向美国申请的。除了向英国申请的两个以外,其余的专利均获批准。向德国申请的专利,都是在他离开德国后获准的。

1908年前后,爱因斯坦与哈比希特兄弟俩共同开发了一个电容放大器。在他的书信中,这个测量仪常常被称作"我们的小机器"。为了测量出极弱的电流,该电容放大器把电压扩大上万倍。1920年前后,盖拉赫曾用这个测量仪测出了金属的接触电压。这一研究也从实验上确认了爱因斯坦关于光电效应的论文。

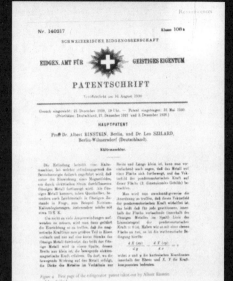

爱因斯坦与西拉德合作的电冰箱专利的首页

与哈比希特的弟弟一起发明的电容放大器,被爱因斯坦亲切地称为"小机器",1910年

Part 3
伯尔尼岁月

这么多钱怎么花?

1906年4月,爱因斯坦晋升为二级技术员,年薪涨为4500瑞士法郎。他相当满意。他每小时工资为1.95瑞士法郎。而当时瑞士的男人平均每小时挣0.54瑞士法郎,纺织女工挣0.29瑞士法郎。一公斤糖只需0.56瑞士法郎。因此,当给他涨薪之后,他曾说,这么多钱怎么花?

事实上,爱因斯坦当时也遇到经济上的压力,他曾经想过到收入较高的联邦电报电话局工作。但当时摆在他面前的,更多的是物理学问题。

提升爱因斯坦为二级职员的公告(从1906年4月1日起,薪水升为4500瑞士法郎)

带有哈勒和爱因斯坦签名的工资单。从中可见,哈勒收入最高,8000瑞士法郎。有七个人为4500瑞士法郎

爱因斯坦故居中的陈设一如当时（方在庆摄）

爱因斯坦在伯尔尼的最后一处住房

爱因斯坦1908年获得任教资格的伯尔尼大学

就职的专利局(1902—1909年)外景

第四处住所(1905年5月),在此写了含有"$E=mc^2$"的文章

第二处住所(1902年8月),在此与米列娃结婚

第三处住所（1903年11月），长子汉斯出生于此

第一处住所（1902年2月），当时尚无工作

第五处住所（1906年5月）

自然研究者协会

在各地建立的自然研究者协会成为科学家和科学爱好者聚会的地点。他们在无拘无束的气氛中探讨着科学问题,并经常组织野外徒步旅行,以便对自然有更多的了解。

通过同事约瑟夫·绍特尔(Josef Sauter)的介绍,爱因斯坦从1902年开始与伯尔尼的科学界取得联系,并于1903年加入伯尔尼自然研究者协会。通过与协会成员的交谈,爱因斯坦开始重新考虑谋求一个大学职位。

绍特尔博士在伯尔尼出席"相对论50周年"纪念大会,1955年　　位于伯尔尼外森豪斯广场(Waisenhausplatz)的市立中学实验室,爱因斯坦曾在此做过实验

绍特尔博士比爱因斯坦大八岁,也是瑞士联邦工学院的毕业生,但他们在学校时并未见过面。他俩也有一些共同的经历。与爱因斯坦一样,绍特尔也对大学的课程感到失望,这使得他也不得不自学。

爱因斯坦定期与绍特尔参加该协会在"仙鹤"乡村旅店举行的晚间会议。爱因斯坦在协会中还认识了许多新朋友。他还经常和两位教师以及他年长的朋友贝索在中学实验室做实验。即使当爱因斯坦成为著名的科学家以后，他还常参加自然研究者协会的会议，为大众做演讲。

1903年12月5日，爱因斯坦第一次在伯尔尼的自然研究者协会做了题为"电磁波理论"的演讲。记录显示爱因斯坦和胡贝尔随后展开了讨论，胡贝尔是该协会的主席，也是伯尔尼自由文科中学的一位教师。他自己经常做演讲，例如有关"电子"的演讲。据资料记载，爱因斯坦积极参与了随后的讨论。

爱因斯坦在自然研究者协会的第一次演讲记载

伯尔尼自然研究者协会的会议记录，其中记载了1907年爱因斯坦所做的报告内容。爱因斯坦是该协会的一个非常勤奋的会员

1936年11月21日，伯尔尼自然研究者协会做出决定，授予爱因斯坦荣誉会员称号。这是荣誉证书

1937年1月4日爱因斯坦在得知被授荣誉会员后写的感谢信

无薪讲师

经过一段时间的思考,爱因斯坦决定返回学术界。但是中间的道路却异常曲折。为了能在大学教书,必须要有授课资格证书,即"无薪讲师"的资格。而要获得资格证书,首先必须获得博士学位。爱因斯坦两者都不具备。好在伯尔尼大学有些特殊的规定。爱因斯坦发现了这个规定的一个漏洞:在"特例"下,博士头衔和授课资格论文可以由其他的"杰出成就"取代。爱因斯坦已在《物理学纪事》上发表了几篇论文。1903年他向伯尔尼大学提出申请,但遭到拒绝。对此他很恼火。"这里的大学是一个肮脏的所在。我是不会在这里授课的,因为为此浪费时间是一种耻辱。"

1907年,爱因斯坦又一次提出申请,又告失败。1908年,他提交了一篇教授资格论文,后来获得了教授资格。这也就是说,他获得了所谓的"无薪讲师"的头衔。

伯尔尼大学,爱因斯坦曾在此作为无薪讲师授过课

"难道你不照镜子吗?"

爱因斯坦能集中精力关注自己的研究领域,尽管每天要上八小时的班,每周六天,周围也没有任何名师可以请教,家中还有一个絮絮叨叨的妻子和一个男婴。他展示出了一种了不起的让自己远离"仅仅是个人"东西的能力。爱因斯坦与专利局的三十几位同

爱因斯坦为申请授课资格而写的简历

1908年2月28日,伯尔尼主管授课的部门给爱因斯坦颁发的大学任教资格证书

爱因斯坦在专利局,1905年

爱因斯坦在专利局的办公室(复原)

事以及直率、精明又实际的上司哈勒相处很好。有一次爱因斯坦跟同事说他不认识任何物理大师,他的同事回答道:"难道你不照镜子吗?"

爱因斯坦坐在他的书房里,前面有一叠充满数学公式的稿纸。他用右手写,用左臂抱着他的小儿子,其间还要回答正在玩积木的大儿子汉斯的提问。在说完"等一会,我马上就做完了"后,他把孩子们交给我照管,又继续工作了。从这一点上,我可以看出他的专注能力。
——爱因斯坦在苏黎世大学的研究生汉斯·坦纳(Hans Tanner)的描述

贝 索

贝索(Michele Besso, 1873—1955)是爱因斯坦终生不渝的最亲密的朋友,伯尔尼专利局的同事。经爱因斯坦介绍,贝索与爱因斯坦在阿劳的老师温特勒的大女儿安娜·温特勒结婚。对此,1928年1月17日贝索在写给爱因斯坦的信中这样写道:

贝索及新娘,1898年

多亏你,我才有了我的妻子,有了她,我才有了我的儿子和孙子;多亏你,我才有了我的地位,有了它,我才有人间寺庙般的清净,以及对艰辛日子的物质保障;多亏你,我才能获得科学的概括能力;没有这种友谊,这种能力是无法达到的。

贝索与爱因斯坦经常就物理学的基础问题进行深入讨论。这些讨论对爱因斯坦的狭义相对论研究有着极为重要的影响。在爱因斯坦研究广义相对论时,贝索不仅在测算水

贝索画像（保罗·温特勒作）

爱因斯坦与贝索·

星近日点进动上，也在其他一些概念问题的研究上为爱因斯坦提供过支持。

爱因斯坦与米列娃离婚后，贝索一如既往地照顾爱因斯坦的两个儿子。爱因斯坦接受他的建议，在离婚时将可能会得到的诺贝尔奖金全都给了米列娃。

爱因斯坦后来曾这样评价他："凡是对于他遇到的每一个向他求教的人有用的东西，对于他自己却是有害的。因为他永远不满足于已有的东西。没有什么论文署他的名，他的成就只有在他所造就的人当中才能找到。"在某种意义上，爱因斯坦就是他所造就的人之一。

1955年3月，贝索死后不久，爱因斯坦在给贝索家人的信中写道："我最羡慕他的是，作为一个人，能够长期安静而和谐地同一个女人生活在一起——在这方面，我两次都很不光彩地失败了。"

第一个科学高峰

爱因斯坦是相对论之父，也是量子理论的开创者之一。他颠覆了经典物理学的时间、空间、物质及能量概念。他的工作涵盖了自然界的基本问题。他的科学生涯就是对物理世界普遍而永恒规律的不懈追求。爱因斯坦的科学天才表现在他对自然界的敏锐直觉和深刻洞察之上。他意识到他的理论建立在前代和当代物理学家的工作之上，他宣称，正如他的理论超越了牛顿的理论一样，迟早会有人超越他的理论。

伯尔尼时期是爱因斯坦的科学创造力最为旺盛的时期之一，奇迹年的发现及其随后的一系列工作，可以称之为他的"第一个科学高峰"。

$$E = \frac{mc^2}{\sqrt{1 - \frac{q^2}{c^2}}}$$

世纪之交的物理学

在19、20世纪之交,人们认为物理学早已臻于完善,大多数物理学家认为今后的工作就是把实验做得更精确一些。但是物理学中的一些问题却无法给出令人满意的解释,一个是以太漂移问题,另一个是黑体辐射问题。这两个问题一个引出了相对论,一个引出了量子论。同时,一些敏锐的思想家也开始对经典物理学提出批判。

X射线和放射性的发现最先打破了物理学的沉闷,打开了新的未知世界。

X射线的发现者伦琴　　　　　　　　　　　发现放射性现象的贝克勒尔(Jean Becquerel, 1852 — 1908)
(Wilhelm Konrad Röntgen, 1845 — 1923)

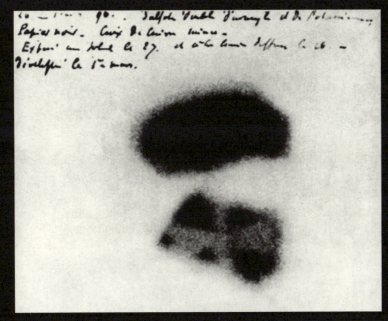

被铀盐感光的底版

以太和光速

以太是欧洲的传统思想之一。笛卡儿（R. Descartes, 1596 — 1650）的宇宙空间中充满了以太，麦克斯韦的电磁理论则把以太当成电磁波的传播媒质。通过测量光速在与以太运动同向或反向时的变化，能够测出以太相对于地球的运动。但实验否定了以太的运动。物理学家对这个问题展开了广泛的思考和讨论。

麦克斯韦

英国物理学家麦克斯韦（James Maxwell, 1831 — 1879）建立了经典电磁理论，并确认光是电磁波。当人们确认光速有限时，就认定以太是传播媒质。光是电磁波强化了以太存在的信念并认为以太在真空中是静止的。人们想象出各种各样的以太力学模型。

迈克尔逊－莫雷实验

地球在以太中运动，从光源发出的光被半镀银的反射镜分成两个光路，一个与地球运动方向相同，另外一个与地球运动方向垂直。这两个光路经过等距的路径后再汇合，它们之间的相位差就是以太漂移的标志。这可以通过迈克尔逊干涉仪观察到。

测定以太漂移的实验装置

人们希望通过实验证实以太的运动，但都没有成功。人们相信这是实验精度不够造成的，并没有怀疑以太是否存在。1881年迈克尔逊（Albert Abraham Michelson, 1852 — 1931）、莫雷（Edward Williams Morley, 1838 — 1923）设计了高精度的实验，但仍没有检测到以太的运动。由于这一实验无可挑剔，人们不得不构造新的理论来解释这一现象。

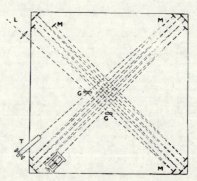

迈克尔逊-莫雷实验的光路说明图

迈克尔逊

莫雷

思想先驱

荷兰物理学家洛伦兹（Hendrik Antoon Lorentz, 1853—1928）在继承了麦克斯韦的电动力学以及在假设了一个静止以太的基础上，创立了电子论，为爱因斯坦的狭义相对论原理奠定了基础。针对迈克尔逊-莫雷实验的结果，洛伦兹等人提出长度收缩的概念，即所有在以太中运动的物体在运动方向上都发生长度收缩，因此观测不到以太漂移。由于这种收缩无法验证，因此没有获得普遍认同。

洛伦兹

法国数学家庞加莱（Henri Poincaré, 1854—1912）在爱因斯坦提出狭义相对论之前，就对绝对时间和绝对空间概念提出怀疑。他在1898年一次讲演中提出光速不变，并认为这是进行光速测量的前提。他还认识到了相对性原理。庞加莱被认为是新物理学的预言家，但他始终没有提出系统的狭义相对论，甚至在该理论出现以后，还长期保持沉默。

庞加莱

玻尔兹曼

奥地利物理学家玻尔兹曼（Ludwig Boltzmann, 1844—1906）是原子论的坚定支持者。他认为原子是实在的。在19世纪末积极促成原子理论被物理学承认的那些科学家中，玻尔兹曼占据着一个特殊的位置。他在将统计学和概率论引入物理学方面做出了重大贡献。但当时支持玻尔兹曼观点的人不多，他感到非常悲观和孤立，1906年以自杀辞世。

奥地利物理学家马赫（Ernst Mach, 1838—1916）的最大的影响是对物理学历史和知识理论基础所进行的深入分析。在他的《力学史评》中，马赫对力学基础进行了前无古人的缜密研究。他探讨了牛顿力学的基本概念，诸如绝对时间、绝对空间和力等。马赫对经典物理学的批判对科学的发展影响深远，成为爱因斯坦广义相对论发展的出发点。

1913年6月25日，爱因斯坦把他和格罗斯曼合作的"提纲理论"寄给了马赫，并在附带的一封信中强调了马赫"关于力学基础的天才研究"的重要作用。同时他还指出，正是通过对弯曲光线的观察才使得等价原则的验证成为可能。1916年爱因斯坦在悼念马赫的文章中指出，马赫的批判对于广义相对论的产生具有重要的意义。他说，马赫离表述广义相对论已只有一步之遥。

马赫

奇迹年前夕

上大学的前一年，16岁的爱因斯坦开始思考光速问题。这时他相信以太的存在。他通过思想实验得到了光不可能是静止的结论。这直接与速度叠加原理矛盾。在大学的头两年（1897—1898），他开始思考光、以太和地球运动问题，直到这时他还不知道迈克尔逊-莫雷实验和洛伦兹对它的讨论。他试图制造一台仪器来精确测量地球相对于以太的运动。尽管实验没有进行，但他仍希望依靠实验来接近这一问题并预感到它的前景。

爱因斯坦在苏黎世当学生时的实验室

预 告

1905年5月25日，爱因斯坦给好朋友哈比希特写信，汇报了他要写的四篇论文。第一篇论文"讨论了辐射和光的能量特性，而且很有革命性"。这是他关于光量子假说的论文。在第二篇论文中，他"通过扩散[率]和内摩擦确定了分子的真实大小"，这是爱因斯坦的博士论文。"第三篇论证了在热的分子运动论的前提下，悬浮于液体中大小在千分之一毫米的微粒必定进行着一种可感知的无序运动。"这篇论文主要讲布朗运动。"第四篇论文还是一个初步构想。利用修改了的时空观，他提出了一种运动物体的电动力学。"他在这篇文章中阐述了狭义相对论。

1905年5月爱因斯坦写给哈比希特的信。

奇迹年

1905年，爱因斯坦在德国著名的《物理学纪事》上发表了5篇学术论文和21篇评论。而关于光量子假说、布朗运动以及动体的电动力学三篇论文都各自引发了一场科学革命。同年，他在另一篇论文中还阐述了物体能量和质量之间的关系，并提出了一个非常著名的公式 $E=mc^2$。这一公式的提出引发了人们对时间和空间，物质和辐射认识的根本性转变。

1905年标志了传统物理学向现代物理学的转变。至今，物理学仍以量子理论和相对论为基础，而它们恰恰都与爱因斯坦革命性的论文有关。

1905年的爱因斯坦

奇迹年表

(1905年)

月份	日期	事件
一月	1月6日	与米列娃的第二个结婚纪念日
二月		
三月	3月初	为《物理学纪事增刊》就热理论最新研究进展写评论
	3月14日	26岁生日
	3月17日	完成光量子假说的论文
四月	4月30日	完成博士论文《论分子大小的新测定法》
五月	5月11日	完成布朗运动的论文
	5月中旬起	进一步完善狭义相对论
	5月25日	写信给哈比希特,报告其革命性工作
六月	6月9日	光量子假说论文发表
	6月30日	寄出狭义相对论论文
七月	7月18日	布朗运动论文发表
	7月20日	向苏黎世大学提出博士论文审查申请
	7月27日	博士论文被接收(1906年1月15日获得博士学位)
	7月30日	完成第一篇关于狭义相对论的论文
八月	8月19日	将博士论文投寄《物理学纪事》(1906年2月8日发表)
	夏末	携妻儿前往塞尔维亚拜访米列娃的家人及朋友
九月	9月26日	狭义相对论论文发表
	9月27日	第二篇关于狭义相对论的论文被收到。文中提出 $E=mc^2$
十月		
十一月	11月21日	论文《物体的惯性与其所含能量有关吗?》发表
十二月	12月19日	完成第二篇关于布朗运动的论文(1906年2月8日发表)

Part 4 第一个科学高峰

光电效应

所谓光电效应是指光照射金属激发电子的现象。该效应的一个特征是，单位时间内激发电子的数量与光的强度有关，而射出电子的速度则与照射光的频率有关。经典电磁理论认为，随着光强的增加，射出电子的速度也应该增加，而这与实验不符。爱因斯坦的光量子理论很好地解释了这一现象。只有能量足够大的光子才能使电子获得射出所需能量，因此频率低于一定值的光即使光强很大也不能激发出电子。而电子射出的速度也是由光子的能量或者说由光的频率决定的。大多数物理学家，包括普朗克和洛伦兹在内，都认为他的观点是没有根据的。由于在光电效应方面做出的贡献，爱因斯坦获得1921年度诺贝尔物理学奖。

《关于光的产生和转化的一个启发性观点》

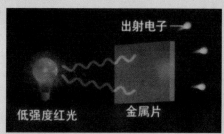

红光使电子射出

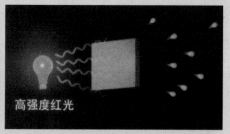

同样的频率，随着光的强度增加会有更多的电子射出，但是电子的速度却不变化

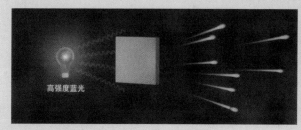

换用比红光频率高的蓝光，射出电子的速度变大

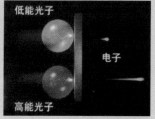

光的粒子性同样能够很好地解释强光射出的电子会增多。因为同样频率的光子，能量相同，光强增大意味着更多的光子与电子发生作用，就会激发出更多的电子

布朗运动

1900 年前后,物理学家们还在争论原子是否真实存在,或者它只是一个辅助的理论模型。悬浮于液体中用显微镜才能看见的微小粒子的无序运动,即"布朗运动"未能真正得到解释。爱因斯坦指出,这一运动可以用统计方法来描述,借助热的分子运动论,人们可以推测出分子的大小。这样就为原子假说的成立提出了一个具有决定意义的论据。

狭义相对论

自伽利略以来,力学中的绝对静止就已经不再有意义了。爱因斯坦在他论文的开始就指出,尽管在基于以太概念建立的关于电动力学和光学现象的理论中存在静止参照系和运动参照系的区别,但这一区别在现象本身中无法被证实。因此,他认为相对性原则应该同样适用于电动力学和光学。此外,他还主张光速的恒定不变,这样就可以推出空间和时间依赖于参照系的运动状态。

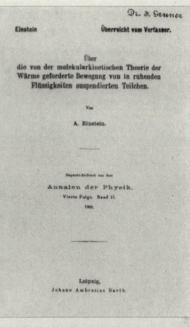

《论分子大小的新测定法》,1905 年 5 月 11 日

《论动体的电动力学》,1905 年 7 月 30 日

$E=mc^2$

在这篇论文中，爱因斯坦从狭义相对论中得出一个重要的结论：质量与能量等价，而且光也具有质量。同年底，爱因斯坦在一篇补充文献中才得出他的著名公式 $E=mc^2$。

《物体的惯性与其所含的能量有关吗？》，1905年9月27日

含有公式 $E=mc^2$ 的手稿，1946年

漫画：爱因斯坦站在划掉的 $E=ma^2$, $E=mb^2$ 面前思考

重返学术界

尽管爱因斯坦在1905年发表的具有突破性的论文已经开始受到人们关注,但并没有立即给他带来学术上的声誉。爱因斯坦当时也并没有考虑一定要进入学术界。

1906年1月5日,在经过一年多的曲折,在克莱纳教授(Prof. Alfred Kleiner)的努力下,苏黎世大学终于打破常规接受了爱因斯坦的博士论文。

爱因斯坦的博士论文封面

克莱纳教授

在此之前,他同时也申请了一所中等专科学校的教师职位,也获得通过。1908年2月24日,也是在克莱纳教授的推荐下,他成为伯尔尼大学的无薪讲师。从而为他在学术界大放异彩开辟了道路。这是他的学术生涯起飞的时刻。

克莱纳给教授委员会的提议清楚地表明,爱因斯坦的声誉在迅速提高:"爱因斯坦是当今最重要的理论物理学家之一,这已经得到了相当广泛的承认,这是因为他在相对论原理方面的工作……[因为]他异常明晰的概念和对观念的追求……明快而精确的风格。……"

不喜欢讲课

在伯尔尼大学担任讲师,并不妨碍他在专利局的工作。1908/1909年的冬季学期,他在伯尔尼大学讲授辐射理论,有四名学生听课。在接下来的夏季学期,只有一名学生听他的课。

后来,爱因斯坦常说他不喜欢教书。他"显然乐于向别人解释他的思想,而且讲得很好,因为他凭直觉思考,而不在乎语言形式。他讨厌的大概是上课需要准备和提出一些材料,而他有时对这些东西并不感兴趣,正因为此,备课可能会扰乱他自己的想法"。

爱因斯坦的两次上课通知及登记听课的人数。上面为"热分子理论",听课人数为3;下面为"辐射理论",听课人数为4

大学副教授

1909年3月,苏黎世大学全体教授就爱因斯坦的申请举行秘密投票,10票赞成,1票弃权。5月7日,爱因斯坦被苏黎世大学聘为理论物理学副教授。1909年7月6日,爱因斯坦向专利局提出辞职,两天后,日内瓦大学授予爱因斯坦、玛丽·居里和奥斯特瓦尔德名誉博士学位。这是他获得的第一个荣誉称号,也是他的名声正在增长的一个标志。

10月22日,爱因斯坦一家从伯尔尼迁到苏黎世。当月,他第一次参加在萨尔茨堡举行的全德自然科学家与医生年会。他在会上做了报告。1909年12月11日,他做了有生以来的第一次就职演说,题目是《关于原子理论在新物理学中的作用》。

一年半之后,他又去了布拉格,担任布拉格德语大学的物理学正教授。

苏黎世州政府聘请爱因斯坦为苏黎世大学理论物理学副教授的聘书

爱因斯坦写给瑞士联邦委员会的辞职信,1909年7月6日

1909年7月6日，爱因斯坦向瑞士联邦委员会递交了辞职信。他当时已接受聘请，担任苏黎世大学理论物理学副教授。他请求从1909年10月15日起批准他放弃联邦专利局的技术专家职务。

他的顶头上司哈勒认为爱因斯坦是在开玩笑，并没有当回事。后来，他认为爱因斯坦的离去是专利局的一大损失。

申请迁居补助

爱因斯坦在苏黎世大学的起薪为年薪4500瑞士法郎，与他任专利局二级专家的薪水相当。搬迁费花了225瑞士法郎，为此爱因斯坦向教育当局申请迁居补助。申请被批准了，他得到了全额补助。

爱因斯坦给苏黎世州教育局申请迁居补助的信，1909年11月1日

学生请愿

爱因斯坦并不是最好的教师，但是他的课富有启发性，能带给学生新知识，因而受到学生们的欢迎。由于爱因斯坦短期内无法转成正教授，因此他接受了布拉格德语大学提供的正教授职位，准备到布拉格去，尽管那里比苏黎世还要偏僻，还要远离学术中心。上他课的学生得知这一消息后给苏黎世州教育局写了一封信。1910年6月23日，15名学生联名上书说："爱因斯坦教授是我校优秀的研究者和教师，我们在此联名请求你们尽最大的努力挽留他。"

爱因斯坦与胡尔维茨夫妇举行室内音乐会

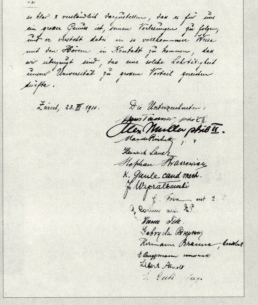

苏黎世大学学生的请愿书

布拉格时期

在马赫的学生皮克（Georg Pick, 1859—1942）和兰帕（Anton Lampa, 1868—1938）的推荐下，布拉格德语大学给爱因斯坦提供了理论物理学正教授的职位。尽管这里面一波三折，既涉及到宗教信仰、国籍问题，又与学院政治关系密切，但对爱因斯坦的任命还是顺利的。1911年3月，爱因斯坦一家移居布拉格。爱因斯坦在布拉格生活了16个月。此时此刻，引力问题是他所关注的重点。他在这期间写的论文《论引力对光传播的影响》可看成是迈向广义相对论的重要步骤。

那时爱因斯坦一家有四口人。1910年7月28日，他的次子爱德华（Eduard）出生。爱德华模样随他父亲，也有父亲的音乐天赋，也从母亲那里继承了忧郁气质。后来，爱德华热衷于艺术。他写过诗，想当一名精神分析专家，又想研究医学，但他没能实现这些目标。爱因斯坦很早就发现小儿子有精神分裂的征兆。爱德华后来被送进苏黎世的布格霍尔茨里（Burghölzli）精神病医院，1965年死在那里。

布拉格德语大学哲学学院大楼。理论物理研究所和爱因斯坦的办公室就在这栋大楼内

兰帕在爱因斯坦获得任命的过程中起到了重要的作用

弗兰克（Phillip Frank, 1884—1966）是爱因斯坦在布拉格德语大学理论物理教席的继承者。他写过一本爱因斯坦传

布拉格犹太人区

图1. 作为布拉格大学教授的爱因斯坦,1912年
图2. 1900年左右布拉格的犹太人区,右边是著名作家卡夫卡(Franza Kafka,1883—1924)的出生地
图3. 1900年左右布拉格的犹太人区,左边为犹太教堂

当代开普勒

由于民族问题、语言问题,布拉格处于一种持续的动荡中。大学里的那种让人窒息的学院生活也没有放过他:"各种文牍见鬼般地没完没了。"

由于爱因斯坦不拘小节,从不理会那些自命不凡、神气十足的人,他在那里的处境可想而知。他办公室的窗户正对着一家疯人院的院子。

当然,爱因斯坦也与生活在布拉格的讲德语的犹太人有一定的接触。其中之一便是马克斯·布洛德(Max Brod,1884 — 1968)。

布洛德是出生在布拉格的讲德语的犹太作家、作曲家和新闻记者。世人皆知他是著名作家卡夫卡的挚友、传记作者和作品编辑。他在《第谷·布拉赫的救赎之路》(*Tycho Brahes Weg zu Gott*)(1915)一书中塑造的开普勒形象,被认为是爱因斯坦的化身。当爱因斯坦听说之后,曾借来一本,蛮有兴致地读完了,但没有发表意见。有人认为这是一种默认。布洛德后来又写了《狱中的伽利略》一书,塑造了一个慷慨激昂的充满社会热情的伽利略,并给已在普林斯顿任教的爱因斯坦寄过一本。对于布洛德塑造的开普勒和伽利略,爱因斯坦似乎更认可前者。

布洛德是一个积极的犹太复国主义者。1939年后,他移居巴勒斯坦。

布洛德

爱因斯坦在布拉格的住处,墙上的爱因斯坦像是后来加上的

结识埃伦菲斯特

如果说，爱因斯坦在布拉格期间最高兴的事，那应该是与埃伦菲斯特相识。

埃伦菲斯特（Paul Ehrenfest, 1880—1933），出生于维也纳的犹太家庭。他读过爱因斯坦的文章，写信想与爱因斯坦见面。爱因斯坦马上回信同意。他们一见如故，成为好朋

爱因斯坦与埃伦菲斯特及其子在一起，1920年

友。埃伦菲斯特同时也是玻尔的好朋友。在他于1933年自杀后，爱因斯坦写了一篇非常感人的悼文。

第一次索耳末会议

1911年，当爱因斯坦接到索耳末会议——第一个国际性物理学家大会——的邀请时，标志着他正式跨入了同时代杰出科学家的行列。那时，他第一次获得了诺贝尔奖提名并接受了苏黎世联邦工学院的聘任。

对于这次会议本身对物理学的贡献，爱因斯坦评价不高。"我那些不成熟的见解引起了很大的兴趣，却没有认真的反对意见。我得益不多，所听到的都是已经知道了的东西。"

爱因斯坦在这次为期十天的会上结识了众多著名的科学家，这对于他的未来发展是至关重要的。这次会议之后不到半个月，居里夫人和庞加莱就分别为爱因斯坦写了推荐信，他们都是应苏黎世联邦工学院的邀请而写的。

很多人认为，直接导致爱因斯坦在学术界崛起的原因是他在1905年发表的那几篇革命性的论文。事实上，这些论文除了给他带来声誉和认可，更多地却是使他不为人理解，甚至遭到怀疑和反对。爱因斯坦之所以在学术上崛起，主要在于他1907年发表的一篇论文。这篇文章将能量量子的假说运用到了一个新的领域，即固体热运动的领域。借助于这一量子假说，爱因斯坦成功解释了在低温下异常的热运动。1910年，能斯特通过实验对此予以证实。

当他关于布朗运动所作的预言得到轰动性证实后，他的国际声誉进一步提升。图中的爱因斯坦的位置似乎具有某种象征意义：尽管还站在学术界巨子之侧，但已跻身于世界著名物理学家之列。

第一次索耳末会议合影，布鲁塞尔，1911年
站立者从左到右为：戈尔德施米特、普朗克、鲁本斯、索末菲、林德曼、M.德布罗意、
克努森、哈泽内尔、奥斯特莱、赫尔岑（Herzen）、琼斯、卢瑟福、卡梅林·昂内斯、爱因斯坦、朗之万
坐者从左到右为：能斯特、布里渊、索耳末、洛伦兹、瓦尔堡、佩兰、维恩、居里夫人、庞加莱

重返苏黎世

爱因斯坦在布拉格总共只呆了16个月。从各方面看,这都是他一生的一个转折点。在科学上,他开始向广义相对论迈进,尽管遇到了数学上的难题;在社会和政治层面,他接触到了犹太人团体,了解到了他们的悲惨处境,但还没有从心里去认同他们。从家庭上看,他与妻子米列娃的关系开始出现裂痕,与表姐爱尔莎恢复了联系。

而这一切伴随着他在学术界地位的迅速上升。

爱因斯坦与他在苏黎世联邦工学院的同事在一起。后排右起第四人为埃伦菲斯特。他是爱因斯坦、洛伦兹、玻尔等人的共同朋友

自从爱因斯坦参加了萨尔茨堡举行的全德自然科学家与医生年会和第一次索耳末会议后,就源源不断地收到各地的聘书。其中一份是来自他的母校苏黎世联邦工学院的。这时学院已升格为大学(ETH)。爱因斯坦的好朋友仓格尔和格罗斯曼极力主张,认为ETH应该聘用一个声誉极高的理论物理学教授。庞加莱和居里夫人也写来了强烈的推荐信。与此同时,荷兰的乌得勒支大学也想聘他。爱因斯坦故意让ETH知道这一状况。ETH于是加快了聘任进程,并给出优越的条件。这样,爱因斯坦就回到了12年前只差没把他赶出校门的母校。

第二次索耳未会议

在成功地召开了第一次索耳未会议后两年,第二次索耳未会议于1913年10月27日至31日在布鲁塞尔举行。会议的主题是"物质的结构"。爱因斯坦应邀与会。

站立者从左到右:哈泽内尔、费斯哈费尔特、琼斯、布喇格、劳厄、鲁木斯、居里夫人、戈尔德施米特、索末菲、赫尔岑、爱因斯坦、林德曼、M.德布罗意、波普、格吕奈森、克努森、奥斯特莱、朗之万

坐者从左到右:能斯特、卢瑟福、维恩、J.J.汤姆逊、瓦尔堡、洛伦兹、布里渊、巴洛、卡梅林·昂内斯、伍德、古伊、外斯

柏林时期

　　1914年4月爱因斯坦来到柏林。4个月后,"一战"爆发。由俾斯麦创建的德意志第二帝国,在威廉二世草率鲁莽的"世界政策"折腾下分崩离析。1919年,爱因斯坦名扬天下,魏玛共和国在动荡中建立起来。1932年12月,爱因斯坦离开德国,这时魏玛共和国已名存实亡。

　　爱因斯坦在柏林住满了18年之久。爱因斯坦正是在柏林成为世界名人的。他创立了广义相对论,并做出了宇宙学的思考。他的理论得到验证。正是在柏林,爱因斯坦全面地展示了自己的政治观点。除了科学研究外,他还广泛参加社会活动。他声援犹太复国主义,主张国际间的科学合作。作为一位成功的犹太人和激进的和平主义者,他受到了特别的嫉妒与憎恨。为了躲避反犹主义的喧嚣,爱因斯坦在20年代和30年代进行了几次大的旅行。

　　在个人生活方面,或许是变化太快,来不及仔细思考,他做出了许多并非完全理智的决定。他与前妻离婚,旋即与表姐结婚,尽管是受到了表姐父母的压力。他有过几次婚外情。他与儿子之间的感情出现危机。……

　　这是一个无论从哪个方面来说都急剧变化的时期,也是爱因斯坦一生中最为绚丽多彩的时期。

第五部分

柏林的召唤

1913年夏天,在普朗克和能斯特的极力劝说下,爱因斯坦接受了柏林普鲁士科学院的一个研究职务。爱因斯坦不无幽默地说:"柏林的先生们认为我像一个有可能获奖的产蛋母鸡,但我不知道我还能不能够产蛋。"

爱因斯坦接受来自柏林的邀请,至少有以下三个方面的原因。

一、爱因斯坦正在思考引力问题,需要大量的时间。而苏黎世繁重的教学任务让他喘不过气来,他需要一个没有任何教学任务的职位。柏林方面提出的条件不能不让他动心。

二、柏林是当时世界科学的中心,那里聚集了世界上最优秀的物理学家。他可以与他们进行思想交流。

三、表姐爱尔莎的吸引力。由于与米列娃的关系紧张,爱因斯坦已经不能平静地生活下去,而与米列娃各方面正好相反的爱尔莎,正好吸引了他。

德皇威廉二世(左一)参加威廉皇帝物理化学与电化学研究所的建所仪式。右一至右三为哈纳克(Adolf Harnack)、菲舍尔(Emil Fischer)和哈伯(Fritz Haber)

爱因斯坦与爱尔莎，1921年

提名院士

鉴于爱因斯坦的巨大影响，雄心勃勃的普鲁士科学院是不会甘心让他置身于外的。早在1910年，能斯特就想把爱因斯坦挖到柏林来。

为了得到普鲁士科学院的批准，普朗克、能斯特、鲁本斯和瓦尔堡提出授予爱因斯坦普鲁士科学院院士的提议。

1913年7月3日，柏林科学院召开会议，对增选爱因斯坦为院士的提议进行表决，21票赞成，1票反对，获得通过。普朗克和能斯特立即南下苏黎世将这一消息告诉爱因斯坦。他们极力劝说爱因斯坦到柏林任职，担任普鲁士科学院院士、柏林大学教授和即将成立的威廉皇帝物理研究所所长。他们约定第二天中午在火车站见面，如果爱因斯坦同意去柏林，则手持一支红玫瑰，不同意则手持白玫瑰。第二天，爱因斯坦手持红玫瑰出现了。于是，爱因斯坦来到了柏林。

普朗克（Max Planck, 1858—1947）是20世纪上半叶德国最重要，同时也是最有影响力的物理学家之一，杰出的科学管理者。1900年提出了至今有效的广谱热辐射能量分布公式，第一次揭示出了经典物理学的根本危机。这使他成为量子革命不知情的先驱者。此外，普朗克也是最早认识到狭义相对论及其时空意义的科学家之一，因而他也是爱因斯坦的早期支持者。他高度称赞爱因斯坦的历史贡献，把他与哥白尼相提并论。1912年普朗克担任普鲁士科学院的数学－物理分部的两位常务秘书之一，这是德国科学界最有影响的职位。1913年10月任柏林大学校长。在魏玛共和国时期，甚至在纳粹统治时期，他都担任了多个科研机构的管理职务。

普朗克

能斯特（Walther Nernst, 1864—1941）相继在苏黎世、柏林和格拉茨大学就读，1887年在维尔茨堡获得博士学位。1891年他被哥廷根大学聘为物理化学教授。1905年他来到柏林大学并于1924到1933年间担任物理学正教授。此外，从1922到1924年他还担任帝国物理技术研究所所长。1897年，他发明了一种功率强大的白炽灯，即能斯特灯。他1905年提出的热力学第三定律使他获得了1920年度的诺贝尔化学奖。他在用实验证明这一热学原理的过程中发现，比热在低温时的温度曲线同爱因斯坦在1907年提出量子理论时的预言完全一致。

能斯特是一位热诚的学术组织者，也是电化学学会的共同创立者之一，同时还是威廉皇帝学会的发起人。极具影响的索耳末会议也是在他的倡议下发起的。

能斯特

他非常欣赏爱因斯坦1906年发表的固体比热理论。早在1910年3月，他就拜访了爱因斯坦。他是爱因斯坦接待的第一位来自柏林的物理学家。

阁楼上的研究所

爱因斯坦1914年来到柏林，从事了不少行政管理工作。作为普鲁士科学院院士，爱因斯坦经常在科学院的《报告》上发表文章，忠实地参加物理学部的会议以及全体院士的会议，担任委员会成员，裁决提交给《报告》的有疑问的稿件。1916年5月至1918年5月，爱因斯坦继普朗克之后任德国物理学会主席。在这期间，他主持了学会的18次会议，并做过多次演讲。1916年12月30日，他被任命为帝国物理技术研究所的理事，参与审议确定实验计划。1917年10月1日，他作为首任所长开始负责威廉皇家物理研究所的工作。这个所事实上只有爱因斯坦一人，基本上是个行政职位。研究所最初的工作是

爱因斯坦在他的寓所兼办公室里,1927年

管理各大学的物理研究费用。研究所并没有一栋宏伟宽敞的建筑，其办公地点就设在这位著名所长的房间里。所长秘书最初是由爱因斯坦的继女伊尔莎担任的。没过多久，由贝蒂·诺伊曼（Betty Neumann）接任。

Am 1. Oktober 1917 ist das

Kaiser-Wilhelm-Institut für physikal. Forschung

ins Leben getreten. Seine Aufgabe soll darin bestehen, die planmäßige Bearbeitung wichtiger und dringlicher physikalischer Probleme durch Gewinnung und materielle Unterstützung besonders geeigneter Forscher zu veranlassen und zu fördern.

Die Auswahl der Probleme, der Methoden sowie des Arbeitsplatzes liegt in der Hand des unterzeichneten Direktoriums. Doch sollen auch von anderen Physikern an das Direktorium gelangende Anregungen von diesem erwogen und die vorgeschlagenen Untersuchungen im Falle der Billigung gefördert werden. Wenn das Institut auch naturgemäß erst nach Beendigung des Krieges seine volle Wirksamkeit wird entfalten können, so soll doch womöglich schon jetzt mit der Arbeit begonnen werden. Angaben über nähere Einzelheiten sind an den mitunterzeichneten Vorsitzenden des Direktoriums, Professor Einstein (Haberlandstr 5, Berlin-Schöneberg) zu richten.

Das Direktorium.
Einstein. Haber. Nernst. Rubens. Warburg.

1917年12月16日柏林的《福斯报》上登载了威廉皇帝物理研究所于10月1日成立的消息。类似的消息也登在柏林的其他几份主要报纸上。

离婚再娶

在爱因斯坦来柏林之前,他与妻子米列娃的关系已经处于破裂边缘。在爱因斯坦看来,米列娃在对一些事情的处理上伤害了他,而米列娃则认为是爱因斯坦移情别恋的结果。1913年,米列娃在给好友的信中说:"我丈夫现在只为他的科学活着,对家庭几乎全不在意了。"

在他们全家到柏林之后不久,矛盾冲突到了不可调和的地步,米列娃带着两个儿子负气地回到了苏黎世。爱因斯坦是下定决心离婚的,而米列娃却还抱着和好的希望。她在失望和希望中挣扎了5年。1919年2月14日,苏黎世法院批准爱因斯坦与米列娃离婚。爱因斯坦除付给孩子们养育费外,还必须在一家瑞士银行存入4万德国马克,其利息归米列娃支配。若爱因斯坦将来得诺贝尔奖(在当时看来,只是时间问题),奖金必须全数交给米列娃。最后规定,爱因斯坦两年内不得再婚。不过,这一规定只在瑞士有效。

1919年6月2日,爱因斯坦与表姐爱尔莎在柏林结婚。

表姐爱尔莎

爱尔莎(Elsa Löwenthal-Einstein, 1876 — 1936),是爱因斯坦的表姐,也是堂姐,从小就与爱因斯坦相熟。1896年,她嫁给了一个纺织业主,生下了两个女儿伊尔莎(Ilse, 1897年)和玛戈特(Margot, 1899年),1908年离婚。1912年后,她与爱因斯坦取得联系,不久他们之间的关系发展为恋爱关系。当爱因斯坦1916年到1917年间卧病在床时,得到爱尔莎无微不至的照顾。

陷于沉思中的米列娃,摄于1906年

阅读的米列娃,大约摄于1927年

爱尔莎在卡普特

与米列娃不一样，爱尔莎在学识上与爱因斯坦并不般配，可她仰慕他的名气，保护他不受外界的打扰。虽然爱因斯坦不一定是最忠实的丈夫，对她却关爱有加，喜欢她在家里营造的温馨氛围。

爱尔莎享受着作为一位成功男人的妻子的喜悦，以及柏林市民社会的生活。相比之下，她晚年在美国的生活却笼罩在疾病所造成的痛苦之中。

亲爱的爱尔莎！

因为我没有音讯而受到你轻微责备，不是完全没有道理的，不过，如果你见到我缺少安宁的片刻因而不能给你静心写信的话，你就可以理解了。我要讲课，要无休止地阅读校样，还有顽固性肠炎以及伴随而来的情绪低落。我宁愿不写信也不愿将烦躁情绪流露于笔端。你务必不要理解为这是对你缺乏感情。

……如果你为我背诵最美丽的诗篇，无论怎样神妙，其愉悦程度还是赶不上吃你准备的蘑菇和烤鹅脆皮时高兴。我知道，心理学家对此将如何解释，不过我不会感到惭愧！这暴露了我性格中粗鄙的一面，对此你大概会略加嘲笑，但一定不会鄙视。在高度的精神升华之中，由于认真执著，心情有些压抑，欢乐笑声随之消失。

……

爱因斯坦写给表姐爱尔莎的信，1913年11月7日

爱因斯坦与爱尔莎，1922年

爱因斯坦与爱尔莎在美国大峡谷国家公园，1931年2月28日

两位继女

爱因斯坦与爱尔莎带来的两个女儿关系融洽。

爱因斯坦到柏林后，与米列娃的婚姻名存实亡，表姐爱尔莎，尤其是爱尔莎的父母特别希望爱因斯坦与爱尔莎早日缔结连理。1914年时伊尔莎17岁，已亭亭玉立。有朋友开玩笑说，爱因斯坦不妨可以考虑与伊尔莎结婚。爱因斯坦认为这个主意不错，他还想和她生个小孩。他让两个女人来选择。伊尔莎虽然也很喜欢爱因斯坦，但还没有喜欢到要嫁给他的程度，而且她知道母亲深爱这个男人，便主动退了出来。很快她便与人结婚。在结婚前后曾短暂地做过爱因斯坦的秘书，这时爱因斯坦是威廉皇帝学会物理研究所所长。当时物理所没有自己的办公室，就在家里办公。伊尔莎的丈夫凯泽尔（Rudolph Kayser，1885—1957）后来曾化名安东·赖泽尔（Anton Reiser）写过一本爱因斯坦传记，得到爱因斯坦的好评。

继女伊尔莎（Ilse Löwenthal，1897—1934）

小女儿玛戈特（Margot Löwenthal, 1899—1986）有过短暂的婚姻，后随爱因斯坦赴美，一直居住在普林斯顿。她非常内向、害羞，对爱因斯坦非常崇拜。在爱尔莎去世后，她开始照顾爱因斯坦的生活起居，充当爱因斯坦与儿子之间的联络人。

事实上，柏林时期是爱因斯坦一生中最多产和最富创造性的时期之一。这一时期，他完成了广义相对论，得到了光线弯曲值和水星近日点的位移，开创了宇宙学和引力波的研究，引进了辐射跃迁的A、B系数，发现了普朗克辐射定律的新推导，而且第一次陷入了量子物理学的因果律的困扰。

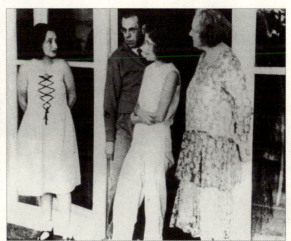

图1. 爱因斯坦的两个继女：伊尔莎、玛戈特，1912年
图2. 爱因斯坦寄给伊尔莎和玛戈特的明信片，1915年9月17日
图3. 爱尔莎、伊尔莎和丈夫凯泽尔、玛戈特（从右到左）

图1. 1939年,爱因斯坦与继女玛戈特在纽约的世界博览会上。右边为犹太牧师外斯
图2. 爱因斯坦画像,1925年
图3. 爱因斯坦在他的柏林办公室,1921年

"一战"前后的德国

1871年才统一的德国,无论科学、技术、教育与工业都得到迅猛的发展。产品的质量也相应提高,使德国成为名副其实的高质量商品输出国。然而,这些成功也使德国人开始骄傲自大。德意志帝国一直苦于没有在欧洲获得霸主地位。"一战"前夕,对大国地位的谋求以及国内日益尖锐的社会矛盾使得威廉二世统治下的德国社会危机重重。

1871年1月18日,俾斯麦(Otto Bismarck)在巴黎凡尔赛宫主持德皇威廉一世的加冕仪式

威廉二世

这位不安定的皇帝爱慕虚荣、权力和炫耀武力。在他身上体现了这个国家的诸多矛盾:一方面他确信君权神授,另一方面他又受现代科学技术的诱惑。

进入20世纪,德国的实力迅速上升,超过了英国和法国,成为欧洲第一强国。但是英、法已经把世界瓜分完毕。在欧洲列强中,德国的海外殖民地最少。欧洲列强的民族主义和帝国主义政策导致各国之间关系高度紧张,许多欧洲人感到一场战争在所难免。第一次世界大战爆发,整个欧洲沸腾了。没有哪个国家像德国一样欢呼战争的到来。德国人把这次战争看作一次机会,一次重新瓜分世界和获得利益的机会。实际上,从国王到士兵,大部分德国人都兴奋不已。

"一战"前柏林的繁华景象

一对犹太夫妇送朋友上前线

1914年,德国士兵欢呼雀跃,坚信马上就能打到巴黎,就像1870/1871年那样

残酷的战争

第一次世界大战是一场非常野蛮的战争。各国动用了所有的战争资源,并把最新的技术应用到战争中。坦克、毒气弹被投入战场使用。

毒气弹受害者。幸存者必须及时救治才能避免终身失明

饥饿的儿童在翻找食物

"一战"时被炸毁的战壕

一切战争都结束了

悲剧人物哈伯

哈伯

德国化学家哈伯（Fritz Haber, 1868 — 1934），毒气弹的发明者之一，曾获得1918年度诺贝尔化学奖。哈伯是犹太人，同时又是狂热的德国爱国者，心甘情愿地为德皇效力。哈伯在威廉皇帝物理化学研究所的工作奠定了德国现代化学战的前提。哈伯希望通过研发新型武器尽快结束战争。在哈伯的建议下，1915年初，德国军方决定进行实验，将氯气部署于战争前线。1915年4月22日，在哈伯的亲自指导下，首先在比利时的伊普尔（Ypres）进行了第一次毒气战试验。在这次毒气战之后，哈伯便获得了上尉军衔。作为一位本身就天赋很高的女性，哈伯的妻子克拉拉·哈伯（1870 — 1915）无法面对这一切。她在与哈伯发生激烈争吵后开枪自杀。哈伯为了德国的利益，在妻子死后第二天就重返战场。1916年，哈伯的研究所被纳入军方的管理之下并进行了大规模

哈伯的妻子克拉拉

哈伯与海水黄金小组

的扩充。直到1918年,哈伯仍然坚信,他发明的这种被1907年海牙国际公约中明文禁止的武器对战争成败起着决定性影响。

作为哈伯的朋友,爱因斯坦尽管坚持和平主义,但从未对哈伯研发这种大规模杀伤性武器做过丝毫评价。

战后哈伯为让德国尽早偿还巨额赔款,曾组织研究人员从海水中提取黄金。尽管选择了多处海域做实验,因含量实在太低,才作罢。

在牵涉到与犹太人有关的事务,以及与德国人有关的问题时,哈伯和爱因斯坦的看法并不一致。1921年3月9日,哈伯请求爱因斯坦那时不要去美国,不要"乘一条协约国的船或者让自己同以前的敌人扯上关系"。上文就是爱因斯坦当天写给哈伯的回信,他坚持认为自己必须去,特别是"当我近来在这里无数次看见人们多么背信弃义和缺少爱心地对待优秀犹太青年并取消他们受教育的机会之后"。他声称,没有人有资格指责他对德国朋友不忠,而且这不仅仅是在他拒绝了来自全世界的邀请之后。"我这样做并不是因为我对德国的依恋,而是因为我舍不得离开我亲爱的德国朋友们,你是这些最杰出和最仁慈的朋友之一。"

爱因斯坦1921年3月9日写给哈伯的信

哈伯与爱因斯坦,1914年

世界大战与革命

德国战败导致学者中的中产阶级精英的衰落。大多数德国人对于"一战"的失败没有心理准备。君主政体覆灭了,政治气氛为激进主义所笼罩。大多数具有爱国情怀的德国教授怀着绝望而愤恨的心情关注着事态的发展。共和国不受欢迎,因为战争赔款、经济危机和骚乱而处于风雨飘摇之中。

民族主义者接管街道:柏林的卡普暴动,1920年3月13日至17日

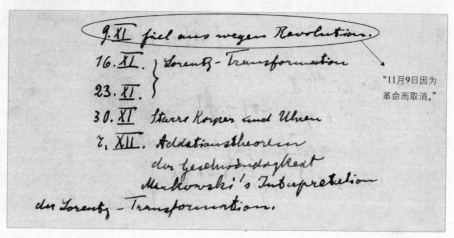

"11月9日因为革命而取消。"

1918年爱因斯坦的讲课笔记

十一月革命

1918年11月的基尔港水兵起义引发了整个德意志帝国的动乱。在德皇退位后,艾伯特被任命为总理,共和国宣布成立。为了保住政权,社会民主党政府承诺了对军方的支持,这也加深了社民党和左翼党派的分化。国内的动荡冲突一直持续到1919年。政治极端派别之间的紧张关系在自由军团成员暗杀卢森堡和李卜克内西的事件中达到顶点,这一紧张关系也给共和国带来了沉重的负担,直到其终结。大多数忠于德皇的教授们对这些发展深感疑虑,觉得自身被冒犯。共和国不得人心,战后事务的处理,持续的动荡和经济危机,使共和国似乎厄运难逃。爱因斯坦是少数几个强烈反战的学者之一。他对德意志帝国的倒台持欢迎态度,对年轻的民主怀有高度期望。

柏林菩提树下大街革命示威,1918年

新祖国联盟

"新祖国联盟"是爱因斯坦加入的第一个政治联盟。它建立于1914年11月16日,以尽快恢复和平、建立防止未来冲突的欧洲国家秩序为宗旨。其成员来自社会各界,其中包括后来成为西柏林市长的记者罗伊特和银行家西蒙。它不仅组织向政府请愿,还帮助受迫害和被监禁的和平主义者。这种活动是不可能没有个人风险的。1916年2月,"新祖国联盟"被取缔,战后它又重新活跃起来。1922年,该组织易名为"德国人权联盟"。

恩斯特·罗伊特(Ernst Reuter, 1889—1953),"新祖国同盟"的奠基者之一

革命的柏林,1918年11月9日,在共和国宣布成立一个小时以后,站在太子宫台阶上的演讲者

罗曼·罗兰

出生于一个中产阶级新教家庭的法国作家罗曼·罗兰(Romain Rolland, 1866—1944),1915年获得了诺贝尔文学奖。当他在巴黎和罗马的大学读完哲学和历史后,1891年至1912年间在巴黎教授艺术史和音乐史。1914年至1937年,他生活在瑞士,全身心投入写作当中。20世纪20年代,他研究过印度的宗教和哲学,关注苏联的社会主义建设。罗曼·罗

罗曼·罗兰,1936年

兰认为自己的作品致力于启蒙传统下人道主义的人类观，并在大量的文章中拥护国际谅解与和平主义。"一战"爆发后，他强烈谴责了盛行的对战争的歇斯底里，并在后来加入到反法西斯斗争的行列。1915年3月，为了声援罗曼·罗兰的和平主义运动，爱因斯坦与他建立通信联系，并于同年9月与他在瑞士首次见面。

在纳粹夺取政权后，爱因斯坦改变了他的无条件的和平主义，支持人们拿起武器反抗纳粹暴政。为此，流亡中的罗曼·罗兰称爱因斯坦是一个"为自由而战的队伍中的滥竽充数者"，并认定爱因斯坦不再有勇气坚持自己的信念。

1926年1月29日，爱因斯坦为祝贺罗曼·罗兰60岁生日给他写的信：

……粗鲁的群众被邪恶的激情驱使着，这种激情支配了他们，也支配了代表他们的政府。他们狂言谵语，但结果只是彼此弄得更加悲惨。总而言之，他们似乎没有经历过内心的冲突就造成了全部的这种苦难。至于那些不带有群众浅薄粗鲁情绪的，和不受这种情绪影响而信守着兄弟友爱理想的少数人，他们所面临的情况就更加困难。他们会被自己的同胞所摒弃，并且会受到像对待麻风病人那样的迫害。除非他们以一种违心的方式行事，或者胆怯地把自己的真实思想感情隐蔽起来。您，可敬的大师，却没有保持沉默。您起来战斗，忍受着痛苦，并且支持那些在苦难中的人们，您是伟大的精神鼓舞者。

……有一个集体，您是其中最有声望的杰出人物之一。这是这样一些人的集体，他们对于仇恨这种疫病都具有免疫力，他们企图消除战争，并以此作为走向人类道德革新的第一步；比起他们自己的国家或民族的特殊利益来，他们认为这个任务重要得无可比拟。

爱因斯坦写给罗曼·罗兰60岁生日的贺信（计算草纸上的草稿），1926年1月29日

《致文明世界》

《致文明世界》这份呼吁是由作家德国富尔达和苏德曼倡议并得到了包括普朗克在内的93名学者和知识分子的签名响应。这一呼吁对国际学术关系带来了极坏的影响。在呼吁中，签名者一致否认了德国对比利时的战争暴行并毫无保留地与德国军方保持一致。从而，他们在军事前线的后面又构筑了一道精神阵线。在这一精神阵线中，除了其他受教育阶层的精英外，自然科学家也占有一席之地。后来，一些签名者，比如普朗克，与这个呼吁保持距离，并通过各种私人关系澄清事实、消除影响。事实上，普朗克是在没有看到呼吁的正文时就签的名。

《致文明世界》的部分签名者

尼柯莱

尼柯莱

尼柯莱（Georg Friedrich Nicolai，1874—1964）出生于柏林一个犹太中产阶级家庭，受过路德教会的洗礼。他当过一年船医，然后又相继在哈勒、柏林、莱顿以及圣彼得堡担任生理学助理医师。1907年，获得大学执教资格，1909年成为柏林夏里特医学院第二附属医院的正教授和内科助理主任。第一次世界大战爆发后，他就到一个军医院工作。尼柯莱强烈谴责战争的罪行，并坚决主张建立一个欧洲文化的世界。作为对"致文明世界"的回应，他于1914年10月撰写了"告欧洲同胞书"的呼吁，但只得到爱因斯坦、天文学家弗尔斯特和私人教师比克的签名响应。

爱因斯坦（中）、朗之万（右）、史密斯（左）在柏林的反战示威集会上，1923年

《告欧洲同胞书》

《告欧洲同胞书》是作为《致文明世界》的一个反宣言而出现的。尼柯莱注意到，"尽管我们通过邮递私下地散发请愿书，获得了许多友好的赞同，但大部分人不愿签名。有人觉得其中一段关于希腊的内容与历史不太相符；也有人认为这个呼吁出现得太晚了；又有人说它出现得太早了；甚至还有人觉得这根本就不合适，因为学术界不应该干预政治生活。很明显，要想团结更多怀有各种想法的人是行不通的，即使他们大致也有着相同的意愿。因为这样一个简短的宣言只有得到公认的权威人士支持才有价值。所以我们放弃了这个计划。"

《告欧洲同胞书》片断，1914年10月中旬

激进的和平主义者

科学是爱因斯坦的首要寄托,但他还非常关注政治问题。强烈的人道主义精神使得他献身于和平、自由和社会正义。年轻的爱因斯坦痛恨德国教育体制的专横和军国主义。恶劣的民族主义和残酷的第一次世界大战强化了爱因斯坦的和平主义和国际主义的信念。如前所述,他第一次公开的政治活动是签署《告欧洲同胞书》。在20世纪20年代早期他积极投身于国际联盟学术合作委员会。从1925年到1932年,爱因斯坦成为国际反战运动活跃的领袖。纳粹夺权以后,他号召欧洲民主国家用军事手段反对纳粹威胁。

伟大的事变发生了,我原先还害怕法律和秩序会完全崩溃。……最难能可贵的是人民竟会那么毫不迟疑地欣然接受了它。能亲身经历这样一种过程,是何等的荣幸!为了酬谢那么辉煌的成就,无论怎样严重的崩溃,人们都不会不乐意忍受。军国主义和官僚政治在这里都已被铲除得一干二净。……只有现在,我在这里才开始感到心安理得。战争的失败创造了奇迹。学术界把我看作是一个极端的社会主义者。

1918年11月11日,第一次世界大战正式结束。爱因斯坦在写给妹妹和妹夫的明信片中,非常激动地谈到了发生在柏林的革命

在国会大厦讲话

我们的共同目的是民主,是人民的统治。只有当个人信守不渝地坚持下面两件事,这个目的才能达到:首先,应当甘心情愿地服从人民的意志,像在选举中所表现的那样,即使在多数人同自己个人的愿望和判断相抵触时,也应当如此。

怎样才能达到这个目标呢?到目前为止取得了些什么结果呢?还应当做些什么呢?阶级统治的旧社会已被推翻。那是由于它自身的罪恶,并且通过士兵的解放行动而土崩瓦解。士兵迅速选举出来的委员会,同工人委员会取得一致的行动,在目前应当公认它们是群众意志的代表机构。在这个紧要关头,我们要无条件地服从它们,并且应当尽我们的一切力量来支持它们。

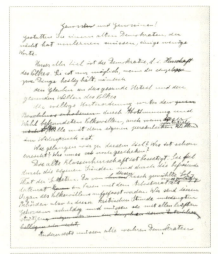

爱因斯坦在德国国会大厦对柏林大学学生的讲话草稿,1918年底

阿德勒

阿德勒事件

爱因斯坦的朋友弗里德里希·阿德勒(Friedrich Adler,1879—1960)为了表达他对战争的憎恨,1916年10月刺杀了奥地利总理斯蒂尔格(Karl Stürgkh,1859—1916)伯爵。阿德勒的父亲是奥地利社会民主党创始者老阿德勒。阿德勒认为斯蒂尔格是奥地利军国主义的代表。在已经死了50万军人的情况下仍然相信战争会胜利。刺杀斯蒂尔格的直接原因是因为一次计划好了的示

威被禁止，而阿德勒认为这显然是斯蒂尔格下的命令。他躲在斯蒂尔格每天吃晚餐的饭店里，一边向斯蒂尔格开枪，一边高呼"打倒专制主义！我们要和平！"

在等待受审时，阿德勒写了一篇批评相对论的文章。因此，阿德勒家人认为他是因为精神错乱才做出这种举动的，并试图说服爱因斯坦出庭来证实这一说法。爱因斯坦当然不能满足这一要求。但是他也不能声称这一说法是错误的。爱因斯坦不被允许做其他有利于阿德勒的证词，但被许与犯人通信往来，讨论各种各样的问题。阿德勒后来被判死刑。1918年维也纳爆发十月革命，他得到特赦，被释放后成为一个非常受欢迎的工人运动领袖。

1917年5月23日，爱因斯坦接受了柏林《福斯报》（*Die Vossische Zeitung*）的采访，谈了阿德勒关于马赫的著作。在这篇文章中，爱因斯坦谈到了阿德勒在物理学上的成就及其个性，但只字未提他的罪行。

阿德勒刺杀奥地利总理

作为"德国大使"

德国学者和科学家在"一战"中的表现导致的国际抵制,一直延续到20世纪20年代后期。法国的悲愤之情最为深重,一些中立国的学者试图进行调解。爱因斯坦的声望及其理论的轰动效应对德国外交部来说是个好机会,他被强加以文化大使的角色。他在

爱因斯坦和客人在一次欢迎他的招待会上,阿根廷,1925年

战时所持的国际主义立场也起到了重要的作用。在外交官眼中，他展现了德国学术活动最好的和最有建设性的一面。

爱因斯坦在国外的活动是成功的，但是他的大多数德国同事却愈加不信任其政治态度。这些人没有认识到爱因斯坦也批评了协约国的政策，并希望冲突各方维护公正。

爱因斯坦在法兰西学院，1921年

爱因斯坦在法国北部的一战废墟，1922年

政治的极端化

魏玛共和国初期笼罩在政治暴力和经济危机的阴影之下。冲突各方的交战状态在谋杀像李卜克内西、卢森堡、埃茨贝尔格（Matthias Erzberger）和拉特瑙（Walther Rathenau, 1867—1922）这类政治名流时达到顶峰。极右分子试图通过政变攫取政权。由于担心德国拒绝支付巨额战争赔款，法国于1923年出兵占领了资源丰富的鲁尔区。德国政治形势恶化。人民在号召下起来反抗，帝国马克跌得一文不值。直到1924年，德国的新民主政权才稳固起来，但五年脆弱的平静在1929年世界经济危机爆发时突然终结。各个政治集团的暴力冲突伴随着魏玛共和国，直至其结束。

在纳粹宣传展"永远的犹太人"中，爱因斯坦被放在"犹太知识分子"最显眼的位置。该展览1937年11月始在德意志博物馆展出

国际谅解

爱因斯坦利用自己的特殊身份,努力化解科学家团体之间的误会,以期达成国际谅解。

1921年,他在从美国访问归来的途中,顺访了英国。他分别在曼彻斯特和伦敦国王学院作了演讲。尽管这位具有犹太血统的德国教授在那儿再次受到了冷遇,但他成功地说服听众,使他们相信科学的国际性,这其中很重要的原因是他一再强调对牛顿的仰慕感激之情。

爱因斯坦在伦敦获得赞扬,《国民报》,1921年6月15日

对这位知名德国人的官方接待是"一战"后的一个非常重要的政治信号。爱因斯坦住在前战争大臣霍尔丹勋爵家里,并在那里与包括坎特伯雷大主教、萧伯纳和爱丁顿在内的头面人物会面。即使是具有民族主义倾向的德国报纸也对爱因斯坦促进科学和政治关系的重建表示赞赏。

爱因斯坦关于国际谅解的声明,1929年

1929年4月,爱因斯坦为一家英国和平主义报纸《不再战争》就国际谅解写了一个简短的题词:"人民自己一定要抓住主动权,来防止再次被引向屠宰场。期望政府的保护是愚蠢的。"

作为犹太人

爱因斯坦出生于一个世俗化的犹太家庭。当他还是孩子时,就感受到反犹主义的偏见,这使他首次对出身问题有了清楚的认识。1914 年,他前往柏林,因为目睹了从东欧移民过来的"东方犹太人"的悲惨境况以及那些毫无尊严的同化犹太人对此惨况的不闻不问,他第一次切实感受到自己与犹太人命运的息息相关。

尽管他不是一个犹太信徒,但是犹太人的政治渴望对他很重要。与建立一个实体的犹太复国主义不同,他更赞成在巴勒斯坦建立一个犹太文化中心的诉求。他在访问日本后,第一次访问了巴勒斯坦。他主张犹太人应该与阿拉伯人和谐相处。他与犹太复国主义的关系"并非建立在宗教的基础上"。

对于爱因斯坦来说,自由和独立性总是第一位的,对于种族的忠诚则居于其次。从这一点上,就不难理解爱因斯坦与以色列第一任总统魏兹曼的关系,也不难理解他与希伯来大学的关系。也就能理解他为什么要拒绝担任以色列总统了。

第六部分

二等公民的头等表现

1848年革命以后，欧洲工业化的进一步发展带来了新的就业和社会流动的机会。尤其是1871年德国统一之后，德国的社会结构发生了巨大的变化，传统的带有歧视性的等级制社会结构开始瓦解。不少犹太人走出了隔离区，真正融入寄居的国家。尽管还存在许多限制，社会上的反犹倾向也不时涌现，但随着欧洲犹太人的解放，他们逐渐在自然科学、社会科学、医学等领域取得了成功，涌现出一大批杰出的具有犹太血统的科学家。长期以来只能在学术夹缝和边缘中生存的杰出犹太科学家便有机会将他们的研究成果公诸于众，并获得更多同行的承认。这种趋势一直持续到1914年。

在欧洲大陆，再也找不到一个像德国这样的国家，它对犹太人既抱有好感，又充满敌意，两种感情奇妙地混合在一起，而犹太人却被德国这样一个在各个方面将他们视为二等公民的国家所吸引。

犹太人的生活场景（油画）

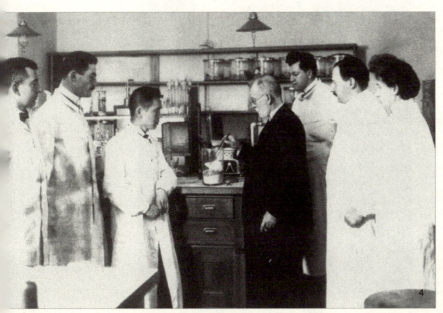

图1. 柏林的物理学家经常相聚在一起。本图中有五人生前曾获诺贝尔奖,其中犹太裔的科学家占多数。哈伯与爱因斯坦分坐在沙发的两个扶手上,坐在沙发上的还有迈特纳(Lise Meitner, 1878—1968)、弗兰克(Philipp Franck, 1884—1966)等。

图2. 犹太解剖学家亨勒(Jacob Henle, 1809—1885)

图3. 犹太化学家、诺贝尔奖获得者瓦拉赫(Otto Wallach, 1847—1931)

图4. 犹太化学家和细菌学家埃尔利希(Paul Ehrlich, 1854—1915)在他的实验室

解放运动导致新一轮的反犹主义。1900年前后,犹太人在面对反犹运动时,采取了各不相同的方式。有少数犹太人认为正统的犹太教或犹太复国运动才是保持自己的身份、保护自己的权利的正途。大多数犹太人认为融入到所在国的文化当中才是正途。他们认为,反犹偏见最终会被根除的。

1900年左右,在德国只有不到1%的人是犹太人,但是他们对德国科学和文化生活的贡献却远大于其人口比例。在魏玛共和国时期,17位德国诺贝尔奖获得者中,有四人是犹太人,爱因斯坦就是其中的一个。

东欧犹太人

第一次世界大战后,许多东欧犹太人,尤其是来自于波兰和俄国的犹太人,为逃离贫穷和迫害来到柏林。他们的大量增加给反犹狂热者以借口,要求将对他们拘留和驱逐。爱因斯坦利用他的声望就移民问题发表看法。他警告德国正在丧失国际声望。他也担心那些完全无害和无辜的人们"将填充集中营,在那儿面临身体和精神的打击与毁灭"。他希望那些犹太移民"作为犹太民族的自由子孙,能在刚刚出现的犹太巴勒斯坦找到自己

从东欧逃难来的犹太人被暂时安置在一所犹太教堂里,1922年

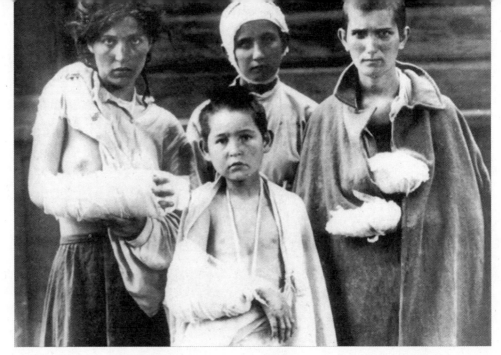

受迫害的东欧犹太儿童

爱因斯坦:《来自东部的移民》,《柏林日报》,1919 年 12 月 30 日

柏林犹太人酒窖铺面,约 1920 年

Part 6
作为犹太人 | 125

的家乡"。在德国，他的那些犹太朋友和同事过分热衷同化于德国社会，他为他所看到的这一切感到悲哀。他冒着与那些有地位、有教养的犹太人冲突的危险，声明他与东欧来的犹太人团结一致。

犹太复国主义

有鉴于犹太人在欧洲各国遭到迫害，尤其是法国德莱弗斯事件的发生，记者赫策尔（Theodor Herzl，1860—1904）提出一个计划：将全世界的犹太人有组织地移民到一个属于他们自己的国土。1897年在巴塞尔召开的首届犹太复国世界会议上，他建立了世界犹太复国组织。1905年该组织拒绝了"乌干达解困"，最后决定选择巴勒斯坦作为未来国家所在地。自1908年开始，"巴勒斯坦办公室"组织有计划地移民。1929年建立了在英国托管当局面前代表犹太民族的"犹太局"。随着20世纪40年代与英国的冲突加剧，最终导致于1947年11月托

爱因斯坦在德国犹太学生大会上讲话，1924年2月27日

管状态的结束。1948年5月14日以色列建国后,以色列政府机构接管了"犹太局"的职责。

爱因斯坦是在预见到了犹太人在德国同化的失败后,才开始转向犹太复国主义的。与建立实体的犹太国相比,他更加赞赏的是传统在文化和精神上的复兴。虽然开始怀有疑虑,最终他还是转而致力于犹太复国主义事业并支持耶路撒冷的希伯来大学。

图1. 爱因斯坦和秘书杜卡斯在柏林奥拉宁堡街的犹太教堂的一个音乐会,1930年
图2. 1923年2月从日本回来的途中,爱因斯坦和爱尔莎作为英国在耶路撒冷高级专员沙米尔的客人,第一次访问耶路撒冷

1921年4月，爱因斯坦在美国犹太爱国主义者大会上的讲话草稿

爱因斯坦对犹太人的立场源于对社会解放和保留民族个性的愿望。他批评那种对出身加以否定的做法并正确断言这种做法并不会消除反犹主义。

希伯来大学

20世纪初在犹太复国运动中就孕育了在耶路撒冷建立一所大学的想法。魏兹曼和布伯是最有影响力的提倡者。俄罗斯犹太人在芒特斯科普斯（Mount Scopus）买了一块地，1918年希伯来大学在此奠基。1925年大学建成，一开始有3个院系，化学、微生物学和犹太研究，共有33名教师和141名学生，其中首批学生于1931年毕业。独立战争迫使大学将其设施迁到城市的另一处。在六日战争之后，大学迁回原址，自1981年开始，主体建筑再次屹立于这块土地上。

耶路撒冷的希伯来大学建成典礼，1925年

爱因斯坦与希伯来大学的关系并不总是融洽的。他曾与魏兹曼一道去美国为希伯来大学筹款。但他对希伯来大学后来的发展非常不满。在他看来，由美国赞助商所推荐的第一任校长马格尼斯（Judah Magnes）不是合适的人选，降低了学术标准。于是，他在1928年愤而辞去校董的职务。在他看来，建一个平庸的大学还不如不建。后来，在他所欣赏的一位新校长上任后，他又与希伯来大学恢复了关系。他立下遗嘱，在他去世后，将他的所有文稿交给希伯来大学。

爱因斯坦在希伯来大学演讲的邀请卡，分别用希伯来文、英文、阿拉伯文写成。爱因斯坦用法文做的演讲

爱因斯坦担任主编的《希伯来大学文集》第一卷，其中有一篇是他与助手克罗梅（Jakob Grommer）合写的论文

1951年，爱因斯坦在普林斯顿高等研究院接受希伯来大学授予的荣誉学位

1950年5月，爱因斯坦与时任以色列驻美大使的伊拉特（Eliahu Elath）在一起。后者1962—1968年任希伯来大学校长

魏兹曼

魏兹曼（Chaim Weizmann，1874—1952），化学家、最主要的犹太复国主义者、以色列第一任总统。"一战"期间，他为英国军队进行武器研究，同时努力赢得英国公众对建立犹太国家这一想法的支持。英国外交大臣贝尔福（Arthur J. Balfour）在1917年支持犹太民族在巴勒斯坦复国的声明就是他取得的一个很大的成功。20世纪20年代初，魏兹曼致力于在耶路撒冷建立希伯来大学。1920年至1931年，魏兹曼担任世界犹太复国组织的主席。1947年他在美国做了一个备受关注的演讲，赢得了美国对以色列的承认。1948年他担任以色列首任总统，直至1952年11月去世。

图1. 1921年4月，爱因斯坦与魏兹曼在纽约
图2. 爱因斯坦和魏兹曼（左起第一人）在纽约，1921年

如果说爱因斯坦是精神上的犹太复国主义者，那么魏兹曼则是实践上的犹太复国主义者。爱因斯坦与魏兹曼的关系颇为微妙，但为了犹太复国主义的事业，为了给在耶路撒冷建立的希伯来大学募捐，爱因斯坦还是与魏兹曼一起去了美国。

图1. 爱因斯坦1929年11月25日写给魏兹曼的信，如同他多次指出的那样："如果没有与阿拉伯人的相互谅解，犹太复国主义就没有希望。"

图2. 爱因斯坦在犹太复国主义领袖外斯加尔（Meyer Weisgal）的陪同下，参加在华盛顿举行的讨论巴勒斯坦局势的听证会。右一为他的秘书杜卡斯

图3. 爱因斯坦的旅行日记，1923年2月2日至4日，其中记载了对耶路撒冷的印象

图4. 爱因斯坦被授予特拉维夫市荣誉市民称号，1923年2月8日

访问巴勒斯坦

1923年2月,他从日本讲学后返回欧洲的途中,访问了巴勒斯坦,在那里呆了12天。他的到访受到了当地犹太人的盛情欢迎。他也非常感动。但是从他所记的日记来看,这次经历也让他深为不安。他在哭墙前看到了那些正统的犹太人,他们留着络腮胡子,身穿长袍,头戴宽帽,在祈祷时左摇右摆。眼中充满了对过去悲惨历史的怜悯。穿过肮脏不堪的城市,会看到各个种族的人们分群走过,有的虔诚,有的嘈杂,还有一些奇怪的东方人。他感到伤心。"这群愚钝的同胞……,令人同情。但他们只拥有过去,没有未来。"

从此,他再也没有回过巴勒斯坦。

弗洛伊德

爱因斯坦与弗洛伊德（Sigmund Freud,1856—1939）可能是同时代的两个最有名的犹太人，他们以各自的方式改变了当代和未来。这两位巨人之间的关系比较复杂。1928年2月15日，《精神分析教育学期刊》的编辑门格（Heinrich Meng）博士和作家茨威格（Stefan Zweig）给许多著名人物写信，号召他们支持弗洛伊德获诺贝尔奖。爱因斯坦在给门格的回信中说："出于对弗洛伊德的杰出成就的敬慕，我决定不介入目前的状态。"两人合写的小册子《为什么战争?》稍微透露出一些他们对对方的情感。爱因斯坦在1949年的一封信中附带评论了弗洛伊德："这位老人有着……敏锐的想象力，除去常常对自己的思想太迷信，他是不会为任何幻觉所迷惑的。"

弗洛伊德1927年1月17日给爱因斯坦写信，希望给爱因斯坦做心理分析。爱因斯坦草拟了回信：

> 尊敬的先生：
>
> 我很遗憾不能满足您的愿望，因为我愿意在一个还未被分析的暗处待着。
>
> 致礼
>
> 阿[尔伯特]·爱[因斯坦]

爱因斯坦不相信精神分析以及其他一些在他看来非理性的东西。上面草拟的回信是否已寄，不得而知。

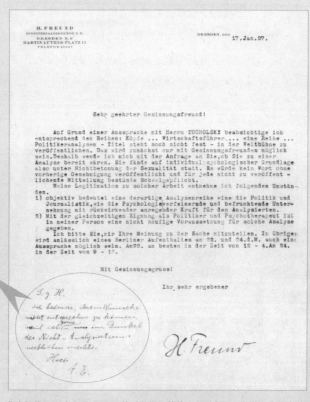

弗洛伊德1927年1月17日写给爱因斯坦的信，左下角是爱因斯坦草拟的回信

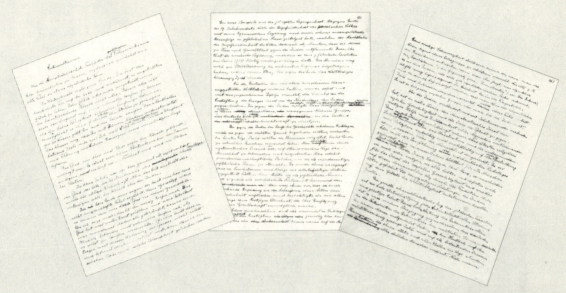

1938年11月26日,爱因斯坦发表在《柯里尔周刊》上的文章:《他们为什么恨犹太人?》

"他们为什么恨犹太人?"

为什么犹太人如此频繁地引起大众的怨恨? 主要是因为几乎所有国家中都有犹太人,而且因为各处的犹太人如此稀疏地分散着,而无力抵抗猛烈的攻击。……当德国人在由他们的统治阶级所策划的世界大战中失败后,立即有了责备犹太人的企图,他们认为犹太人首先煽动了战争,之后又让战争失利。随着时间推移,这些企图得逞了。造成的这种对犹太人的仇恨不仅保护了特权阶层,而且使一小撮肆无忌惮、蛮横无理的人得以置德国人民于受奴役的地位。……作为一种心理的和社会的现象,反犹主义甚至在并无针对犹太人的特别行动的时期和环境中也存在着。从这个意义上讲,它可以说成是潜在的反犹主义。……

1930年,爱因斯坦与德国画家利伯曼(左)、雕塑家辛特尼斯(R. Sintenis)和马约尔(A. Maillol)在柏林

帮助犹太难民

1933年移居美国后,帮助处于危难之中的犹太科学家,成为爱因斯坦的一个当务之急。这也促成他到美国后希望尽快与罗斯福总统见面。随着纳粹迫害犹太人的升级,爱因斯坦愈发不知疲倦地为犹太难民而奔走。他不只是大声疾呼,而且还写了大量的推荐信。为此,他与美国政府的矛盾逐步升级。只是由于他是一个国际知名的科学家,美国政府才没有与他公开闹翻。

1927年爱因斯坦经人介绍认识了艺术家沙尔(Josef Scharl,1896—1954)。沙尔的画被纳粹诬蔑为"堕落腐朽的"。与许多其他类似情况一样,1938年,爱因斯坦作为沙尔的担保人帮他移民美国。

1936年7月27日,爱因斯坦写信给美国犹太人委员会,谈到了怀斯(Stephen Wise,1874—1949)的夫人曾做过的帮助施瓦兹(Boris Schwarz)的允诺。怀斯作为拉比(犹太传教士)、犹太复国主义者和美国犹太人的重要发言人为受迫害者大声疾呼,他很早就强烈警告华盛顿政治领导人警惕纳粹。

沙尔画的爱因斯坦像,1927年油画

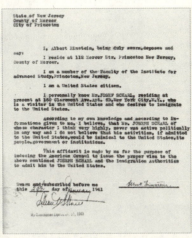

爱因斯坦为沙尔申请入美国籍所写的书面陈述,1941年

沙尔与爱因斯坦在普林斯顿,1950年左右

爱因斯坦邀请那些有幸从大屠杀中逃生的犹太小孩到他在普林斯顿的家中做客,1949年

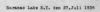

爱因斯坦给美国犹太人委员会写信,请求帮助小提琴家施瓦兹

爱因斯坦与改革派拉比怀斯、作家托马斯·曼一起出席反战电影《为和平而战》的首映式

婉拒以色列总统职位

尽管在20世纪30年代,爱因斯坦反对建立一个实体的犹太国家,但当大屠杀发生之后,他承认以色列国这一现实。但他谢绝了来自以色列官方的一些邀请。1952年11月,当以色列第一任总统魏兹曼去世后,以色列总理本-古里安希望爱因斯坦出任总统,被爱因斯坦婉拒。

本-古里安深知,爱因斯坦不会对权力感兴趣,无论是来自德国的,美国的,还是以色列的。不过,在爱因斯坦给出答复前,本-古里安还真担心过。

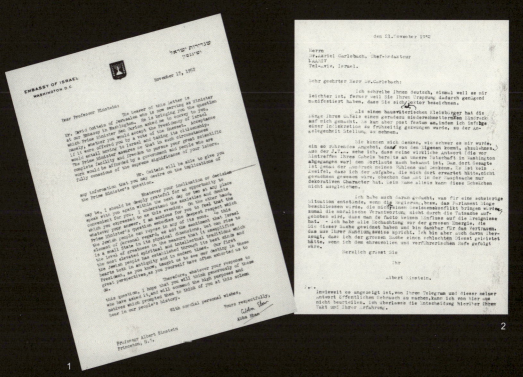

图1. 1952年11月17日,以色列驻美大使埃班(Abba Eban)致爱因斯坦的信。告之以色列议会已正式提名爱因斯坦出任以色列总统,不知他是否同意

图2. 1952年11月21日,爱因斯坦给 *Ma'ariv* 报的主编卡勒巴赫(Azriel Carlebach)写信,进一步阐明了他不担任总统的理由。尽管他是按照自己的本性去做的,"即使一个人的行为没有对事件本身造成影响,也并不能减轻道德上的责任"。

爱因斯坦与到访普林斯顿的以色列总理本－古里安在一起，1951年5月3日

我为我们的国家以色列的提议所深深地感动了。当然，我在为此悲伤的同时又羞愧难当，因为我不可能接受这个职位。我一辈子都在跟客观事物打交道，我生性缺乏恰当地与人打交道和行政管理的经验与能力。因此，仅此一点我就不是担当如此重任的恰当人选，即使我越来越大的年龄不会影响我的体力。这一情形让我更加悲伤的是，自从我清楚地认识到我们在世界民族中的悲惨处境后，我与犹太民族的关系就成为我最强烈的人际联系。……

1952年12月18日，爱因斯坦写给以色列大使回信的草稿，谢绝担任第二任以色列总统的邀请犹太人和阿拉伯人之间的冲突，让爱因斯坦非常担忧。在他看来，同为闪米特人后代的犹太人和阿拉伯人应该和平相处。任何以暴易暴的行为都无助于问题的解决。1929年11月25日，他在给魏兹曼的一封信中说：“如果我们不能同阿拉伯人之间以协商化解矛盾，以合作谋求稳定，那么我们就没有从两千年的苦难经历中学到任何东西，就只能自食其果。”

爱因斯坦离开我们已经五十载，但他最期望的中东和平还没有实现。

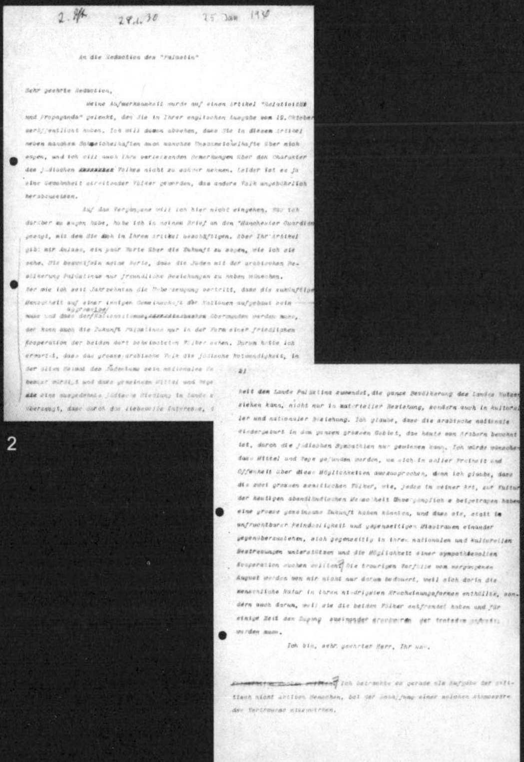
An die Redaction des "Falastin"

Sehr geehrte Redaction,

2

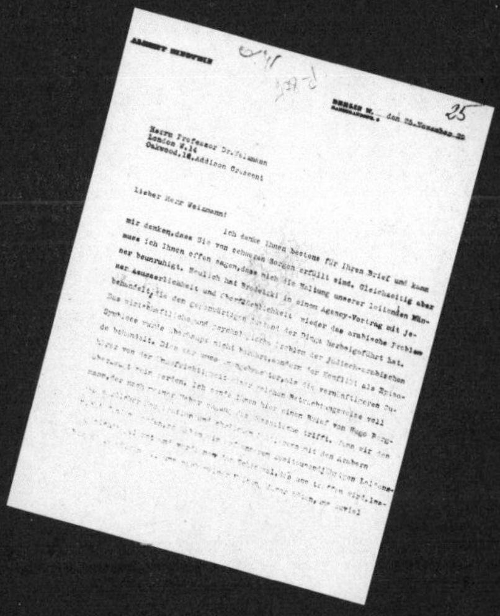
Lieber Herr Weizmann!

1

图1. 爱因斯坦1929年11月25日写给魏兹曼的信

图2. 1929年12月20日，爱因斯坦写给在巴勒斯坦出版的阿拉伯语报纸《法拉斯丁》(*Falastin*)编辑纳沙什比(Azmi El-Nashashibi)的信。信中建议犹太人和阿拉伯人之间想办法和平相处，谋求双方的最大福祉

第二个科学高峰

爱因斯坦到柏林的最初五年,处于他的学术创造的第二个高峰期。1916 年,他写了 10 篇论文,它们包括广义相对论的第一次总结,自发和感生辐射理论,第一篇关于引力波的论文,关于能量－动量守恒定律和施瓦兹席尔德解的系列论文,以及测量爱因斯坦－德哈斯效应的新建议,他还写了关于相对论的第一本半普及性读物,因劳累过度,又缺乏适当照顾,他终于在 1917 年的某一天病倒了,这场病持续了好几年。

第七部分

苏黎世笔记本

1912、1913年之交的冬天,爱因斯坦和格罗斯曼共同致力于引力场方程的研究。爱因斯坦的演算记录在他的苏黎世笔记本上。

爱因斯坦在1912年10月29日写给索末菲的一封信中说:"我现在正专注于研究引力问题,我相信在这位数学家朋友的帮助下,我们能克服一切困难。有一点是可以肯定的,我在一生中还从没有经历过如此痛苦的时刻。我开始对数学肃然起敬,由于我的无知,我曾一直将数学的精妙的部分视为纯粹的奢侈!与这个问题相比,最初的相对论只能算是儿童游戏。"爱因斯坦起初找到了场方程的正确答案,但又放弃了,因为那种结果似乎与他的物理设想不太一致。他于1915年底回到了原来正确的公式表达上。

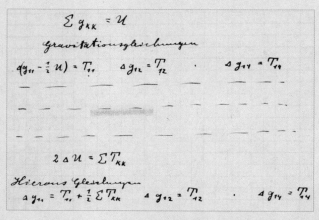

爱因斯坦的苏黎世笔记本,1912/1913

给马赫的信

爱因斯坦把他与格罗斯曼合作发表的《广义相对论提纲和引力理论》(Entwurf einer Verallgemeinerten Relativitätstheorie und eine Theorie den Gravitation),简称"提纲理论"寄给马赫,并在附带的一封信中强调了马赫"关于力学基础的天才研究"的重要作用。并且指出,等效原理可以通过观察光线是否弯曲来加以验证。

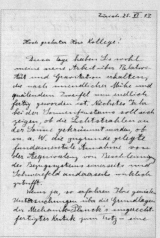

爱因斯坦写给马赫的一封信,1913年6月25日

预告广义相对论

亲爱的米歇勒!

非常感谢你的来信。……今天我已经把论文寄给你。如今实现了最大的梦想:普遍协变性。水星的近日点运动惊人地准确。后者从天文学的观点看来,已是十分可靠的了,因为内行星的质量是纽科姆根据周期摄动(而不是长期摄动)来确定的。这一次,真理出现在手边,格罗斯曼和我都曾认为,守恒定律……

爱因斯坦1915年12月10日写给贝索的明信片:预告广义相对论

爱因斯坦在其"苏黎世笔记"有关广义相对论的演算下面,直接写出:"stimmt!"(没错!)

广义相对论

> 与爱因斯坦在一起很舒服。他每一年都改变他前一年写过的东西。
>
> ——埃伦菲斯特 1915 年 12 月 26 日致爱因斯坦的信

对于狭义相对论的建立,爱因斯坦之前有很多物理学家得出了一些有价值的观点。但是,在广义相对论的建立上,则很少有人能分享这一成果。广义相对论是理论物理学发展的典范,也是人类理性思维能力高度成熟的标志。

按照马赫对于牛顿的批评,爱因斯坦已经对赋予经典物理学中某些坐标系统优越性的绝对空间观产生了怀疑。只有在这些"惯性系"中,物理定律才采取同样的形式。然而,爱因斯坦要求"广义协变",即自然定律必须完全独立于坐标系的选择。"提纲理论"并不是广义协变的,爱因斯坦不情愿地接受了这一点,并找到了一种解释,他后来认识到这是站不住脚的。反对这个理论的另一个证据是水星近日点转动的计算值与观测值不相符。1915年秋,爱因斯坦回到了一个广义协变的理论,几经修改,发表了我们今天所知的广义相对论。施瓦兹希尔德马上利用这一理论精确地计算了太阳的引力场。

几乎在同时,数学家希尔伯特(David Hilbert, 1862 — 1943)也给出了广义相对论的基本方程。两个人通过不同的途径得到了场方程。学术界曾有一段时期,就希尔伯特与爱因斯坦在广义相对论方面的优先权问题展开过讨论。现在已尘埃落定。爱因斯坦是该理论物理基础的唯一发现者。

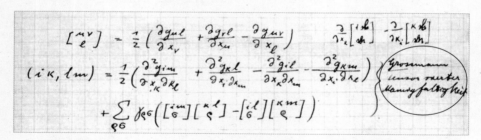

爱因斯坦笔记本上的标记:格罗斯曼帮助爱因斯坦,1912 年

希尔伯特

希尔伯特是 20 世纪最重要的数学家之一。他出生于德国柯尼斯堡（今属俄罗斯的加里宁格勒），1884年在家乡完成学业。1895年，他被哥廷根大学聘为数学教授，执教至1930年退休。在他的学术生涯中，希尔伯特从事了很多课题的研究并在数学的诸多领域有所建树，从不变量理论、代数数论、几何学一直到逻辑学和数学的基础问题。1900年，他在一次会议上列出了数学上23个尚未解决的基本问题，其中包括物理学的公理化，由此勾勒了 20 世纪数学发展的前景。从古斯塔夫·米（Gustav Mie, 1868 — 1957）的电动力学研究和爱因斯坦的引力理论出发，1915年希尔伯特也得到了广义相对论的场方程。

希尔伯特

被战争拖累的证明

爱因斯坦预言了两个当时鲜为人知的效应，它们可以检验广义相对论。第一个是引力场中的光线弯曲；第二个是引力场中光色谱的变化，即引力红移。这两个效应是如此细微，以致最初只有少数天文家才敢于检验。

爱因斯坦确信他的理论的正确性，但要得到科学共同体的认同，必须要在实验上加以检验。1914 年 8 月，恰好有一个日食的机会用来检验他的理论。在克

弗罗因德里希

里米亚可以很好地加以观测。天文学家弗罗因德里希（Erwin Finlay-Freundlich, 1885 — 1964）率团到克里米亚岛进行观测。最初爱因斯坦要自己掏腰包资助弗罗因德里希。后来得到了实业家克虏伯（Krupp）的资助。第一次世界大战的爆发，让这次远征无果而终。弗罗因德里希和他的同事被俄军所俘，观测仪器被没收。8月底，作为交换条件，在德国释放了数位俄国军官后，弗罗因德里希等人被释放，回到柏林。对广义相对论的证明被推迟到 5 年之后。

广义相对论的胜利

爱丁顿

爱丁顿（Arthur Stanley Eddington, 1882 — 1944）是20世纪上半叶最重要的天体物理学家之一。

爱丁顿出生于一个英国教友派家庭。他曾先后在曼彻斯特和剑桥学习，在格林尼治皇家天文台担任助手，1913年开始成为剑桥大学天文台的教授和所长。他早期研究星体运动的分类学，之后主要研究星体的内部构造及其能量来源。为了证实爱因斯坦的理论预言，英国皇家学会1919年派遣了两支远征队。爱丁顿率领其中一支，远征西属几内亚海岸外的普林西比岛，证实了爱因斯坦的预言，广义相对论得以在英国广泛传播。此外，他还知道如何在大众中普及现代天体物理学知识。

光线弯曲（演示图）

英国科考队不仅证实了定性的光线弯曲，而且在误差范围内证实了理论值。一个持瑞士护照的德国犹太人的理论在"一战"结束后不久由英国科考队证实，这很快就成为国际间的轰动事件。关于爱因斯坦的神话诞生了。

爱丁顿领导的日食远征队证实了广义相对论后,全世界的媒体迅速报道。伦敦《泰晤士报》发表题为:《科学中的革命/宇宙的新理论/牛顿思想被推翻》的文章。《纽约时报》在11月10日头版标题:《天空中所有的光线都是弯曲的》。随着媒体的追捧,爱因斯坦名声大振。

媒体报道,相对论理论的胜利,《福斯报》,1919年

1919年日全食的原始照片(底片)。每对标记之间的小黑点为可见恒星

爱因斯坦向天文学家哈勒(George E. Hale)寻求帮助,1913年

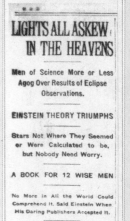

1919年11月10日《纽约时报》的头版

图1．爱丁顿、洛伦兹、爱因斯坦、埃伦菲斯特与德西特，1923年9月26日
图2．爱因斯坦与爱丁顿，1930年
图3．苏黎世大学物理系迈耶教授（Prof. Dr. Edgar Meyer）等二十几位同事1919年10月11日给爱因斯坦的贺卡。上面写道："所有的怀疑都消失了。"
图4．1919年初秋，爱因斯坦在写给母亲的信中告之广义相对论得到验证的消息

禀告母亲

爱因斯坦的母亲晚年生活得很痛苦。癌症让她痛不欲生。为了尽可能地减轻母亲的痛苦，1919年9月27日，在写给母亲的明信片中，爱因斯坦告诉她广义相对论已经得到证实的非官方消息。

亲爱的妈妈：

今天有一个好消息。H. A. 洛伦兹发电报给我，说英国探险队已经确证了光线在太阳处的偏转。可是玛雅写信告诉我，说你不仅病痛交加，而且心情也不好。我多么想回到你的身边陪伴你，这样你就不会尽想那些不如意的事了。但是我还得在这里工作一段时间……

衷心希望你能好起来。

你的，
阿尔伯特

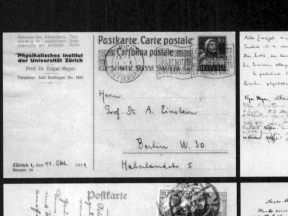

洛伦兹电告

洛伦兹从中立国荷兰写信通知爱因斯坦英国日食远征队的初步结果。尽管第一次世界大战结束已有一年之久，但英国和德国之间仍然不可能进行实际的交流。爱丁顿在9月12日报告说，光线通过太阳附近时会弯曲已经被证实，但弯曲值仍然不够精确。用牛顿的引力理论也能解释该现象，其预测值为0.87弧秒（当人们假定光有质量时）。直到11月6日，最终值才得以宣布，它非常符合爱因斯坦的理论，其预测值是牛顿理论的两倍多，即偏转1.75弧秒。

洛伦兹致爱因斯坦的电报，海牙，1919年9月22日

广义相对论的宇宙学考察

爱因斯坦在1917年发表的文章中包括广义相对论一个新的场方程，说明大小恒定的封闭宇宙满足这个场方程。新的场方程与旧的区别在于宇宙学项的引入。这引起他与德西特的论战，后者证明这一修正也得出爱因斯坦没有想到的另一个解：空宇宙也拥有适当定义的时空结构。虽然爱因斯坦最终放弃了宇宙学常数，但是它在当今科学中仍然起到关键作用。爱因斯坦的论文标志着现代宇宙学的开始。宇宙的发展和结构成为广义相对论最重要的研究对象。

爱因斯坦：《广义相对论的宇宙学考察》，1917年发表于《普鲁士科学院会议报告》

获诺贝尔奖

1922年11月10日,一份诺贝尔物理学奖获奖电报从斯德哥尔摩发到柏林。爱因斯坦当时在去日本的船上,没有收到。可能船上广播了这个消息。爱因斯坦对此并不重视,在他的旅行日记中没有提到此事。

爱因斯坦获奖在当时不足为怪,但人们还是对获奖理由感到惊讶。谨慎、保守的评奖委员会并没有提及他的相对论,而是授予他"发现光电效应"的贡献。

获奖电报。上书:"您被授予诺贝尔物理学奖,详情见信。奥里维留斯。"

诺贝尔奖章

爱因斯坦的诺贝尔奖证书,1922年12月10日

1923年7月11日，爱因斯坦在哥德堡发表诺贝尔奖获奖演说

爱因斯坦基金会

"一战"结束后，鉴于德国政府对科学项目的资助急剧减少，在征得爱因斯坦同意后，弗罗因德里希于1919年12月发起"呼吁资助爱因斯坦"的活动。这笔资金将用来建造塔楼望远镜。在弗罗因德里希从无数私人、银行和公司得到大部分款项后，普鲁士政府也提供了补助。工程于1920年夏季开工。1922年，科学院任命爱因斯坦为波茨坦天体物理实验室理事会成员。同年，他又被提名为爱因斯坦基金会主席，这是一个旨在推动广义相对论实验验证工作的基金组织，就坐落在实验室大院内，这是一座样子有些古怪的新建筑，人们叫它爱因斯坦塔。

爱因斯坦基金会的捐赠者名单，柏林，1920年

爱因斯坦塔

"一战"时,柏林天文学家弗罗因德里希计划建造新的塔楼望远镜来测量引力场红移。他请建筑师门德尔松(Erich Mendelsohn)为此设计合适的建筑物。后者在随后几年中绘出了上百幅设计草图和三个石膏模型。唯一保留下来的第三个模型成形于1920年夏天,与此同时该建筑在波茨坦电报山山顶动工。它在1924/25年冬季落成。引力场中光谱线红移的相对论效应在这个建筑中被证实。这座塔今天仍是国际公认的太阳物理学的研究中心。

波茨坦的爱因斯坦塔(方在庆 摄)

旅途征人

Einstein

在爱因斯坦成名之后,从 1921 年至 1932 年,他受到世界许多著名的大学和研究机构的邀请。在最终定居美国前,除了在欧洲大陆之外,他到过美国、日本、阿根廷、巴西、巴勒斯坦等地。每次出游的理由都不一样。有时是应邀讲学,有时是为了逃避德国国内喧嚣的反犹主义,有时是为了犹太复国主义运动而募捐,有时也部分是出于经济上的原因。

第八部分

第一次美国之行

爱因斯坦第一次去美国，是在1921年3月21日动身的。此行的目的是为筹建中的希伯来大学医学院募集资金。在为期两个月的时间里，爱因斯坦把他的犹太使命与学术演讲结合起来。他在哥伦比亚大学、纽约城市学院，以及华盛顿特区、芝加哥和克利夫兰的几所大学做过演讲。

在普林斯顿大学做的四次斯塔福德·利特尔演讲（Stafford Little Lectures），后来以《相对论的意义》结集出版。这是第一本由一家美国出版社出版的爱因斯坦著作，后来曾多次再版。

爱因斯坦还在白宫受到美国总统哈丁（President Warren Harding）的接见。他还参观了威斯康星州的耶基斯（Yerkes）天文台。

这次旅行给爱因斯坦留下了深刻印象。他高度赞扬美国的民主制度以及美国人的乐观向上精神。他也批评了美国社会中的功利主义和教条主义以及政治上的孤立主义。

爱因斯坦和夫人与美国总统哈丁在一起，1921年

1921年5月6日，爱因斯坦参观威斯康星州的耶基斯天文台

在从美国回到欧洲的途中，他顺访了英国。首先他接受物理学家林德曼（Frederick Alexander Lindeman，1886—1957）的邀请访问了利物浦，后来又受他的崇拜者霍尔丹（Richard Haldane，1856—1928）的邀请访问伦敦。霍尔丹曾任战争部长和上议院大法官。"一战"开始后，他不得不辞职，因为他对德国充满同情。

爱因斯坦夫妇与霍尔丹在一起

远东之行

1922年，爱因斯坦接受日本改造社的邀请访问日本。在坐船到日本的途中，他顺访了新加坡、香港和上海。11月17日抵达日本神户。

尽管有繁重的讲课任务，爱因斯坦还是体会到了东方文化的特有韵味。

1922年，爱因斯坦与夫人爱尔莎在新加坡与当地犹太人合影

爱因斯坦和爱尔莎在赴日途中的"北野丸"号的甲板上，1922年

爱因斯坦夫妇抵达神户

爱因斯坦在名古屋火车站

1922年11月22日在改造社前合影

1922年爱因斯坦与爱尔莎在日本东京商业大学

爱因斯坦与日本科学家在东京大学公园合影,1922年12月1日

爱因斯坦在日本门司过圣诞节,演奏小提琴

爱因斯坦夫妇在一个日本友人家中

爱因斯坦夫妇在福冈的九州大学

爱因斯坦夫妇在日本茶室

爱因斯坦在东京大学讲课

爱因斯坦在中国

早在爱因斯坦的亚洲之行前,他在柏林结识的中国学生和学者就已经唤起他对中国人民的神往。1921年,他曾写信给一位当时在中国教物理的同事弗朗茨·鲁施(Franz Rusch)说:"事实上,我觉得生活在中国人当中,一定是颇为惬意而又情趣盎然的。我非常喜欢我认识的几个中国人。"(1921年3月18日)

1919年3月22日在给好友埃伦菲斯特的信上,爱因斯坦高度赞扬了中国文明。"就我看来,我们的兄弟民族确实比这些可怕的欧洲人更富同情心(至少不那么残忍)。或许只有当世上只剩下中国人时,情况才能得到改善。"

20世纪30年代,爱因斯坦与罗素以及其他西方知识分子一起支持中国人民反抗日本帝国主义。

爱因斯坦与中国有过短暂的数日之缘。尽管他在20世纪20年代初的远东之行并未把中国作为目的地之一,但是往返两次过访也使上海乃至中国掀起一股旋风,其科学成就及个人风采更为当时青年所仰慕,显扬一时。

《东方杂志》"爱因斯坦号"刊载的爱因斯坦头像绘画

《东方杂志》"爱因斯坦号"刊载的爱因斯坦和爱尔莎合影

初访上海 名流聚宴

1922年，11月13日上午，他乘坐日本船只"北野丸"号初抵上海，受到热烈欢迎。王一亭、曹谷冰、张季鸾、于右任、张君谋、应时等沪上名流设宴款待。由于罗素在1920—1921年访华的多次演讲中提到"现代最伟大的人物，只有列宁和爱因斯坦两人而已。"所以有人说"就是学术最幼稚的我国，自罗素演讲以来，也无人不知道相对论的名词。"席间大家多次请爱因斯坦讲相对论，但他因为"长途跋涉，绝未休息，不能做长篇演讲。"次日凌晨爱因斯坦乘原船赴日。

《时事新报》（1922年11月11日）载爱因斯坦到沪消息

《民国日报》（1922年11月15日）载爱因斯坦到沪消息

访沪前后 专号报道

爱因斯坦来沪前后，很多刊物更是热点报道，甚至发表专号，如《改造》、《少年中国》和《东方杂志》等。

图1. 著名画家王一亭在其上海寓所设宴招待爱因斯坦夫妇

图2. 《改造》杂志1921年4月出版"相对论号"

图3. 《少年中国》1922年2月出版"相对论号"

《东方杂志》1922年12月25日出版"爱因斯坦号"

赴京讲座 未能成行

1922年12月,北京大学再次明确表示邀请爱因斯坦来华讲学。不幸的是,爱因斯坦得知这一消息时,为时已晚,日程无法更改。

尊敬的爱因斯坦教授:

您在日本的旅程及工作在中国引起了极大兴趣,全中国人民张开双臂,热忱地欢迎您的到来。

相信您一定还记得您与我们通过中国驻柏林公使协调后达成的协议。我们欣喜满怀,期待您能实现这一承诺。

如果您能告诉您抵达中国的日期,我们将感到万分高兴。我们将竭尽所能做出必要的安排,以最大程度地减轻您的旅途劳顿。

致礼!

蔡元培
国立北京大学校长

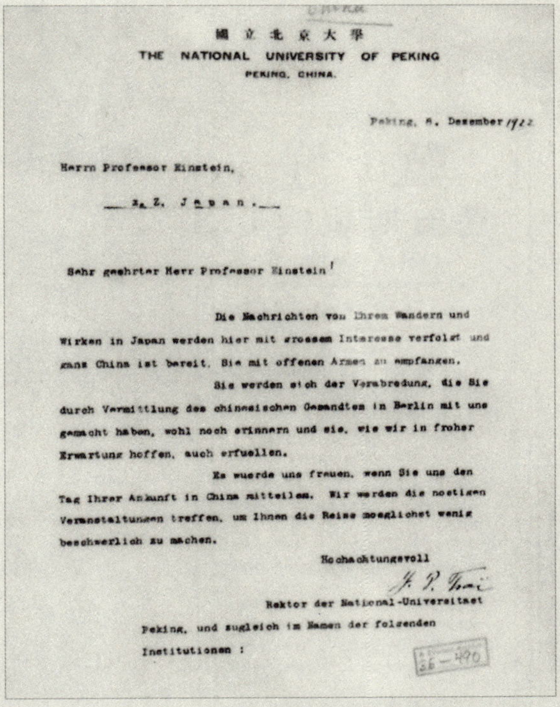

國立北京大學
THE NATIONAL UNIVERSITY OF PEKING
PEKING, CHINA.

Peking, 8. Dezember 1922

Herrn Professor Einstein,

z. Z. Japan.

Sehr geehrter Herr Professor Einstein!

Die Nachrichten von Ihrem Wandern und Wirken in Japan werden hier mit zrossem Interesse verfolzt und ganz China ist bereit, Sie mit offenen Armen zu empfanzen.

Sie werden sich der Verabredunz, die Sie durch Vermittlung des chinesischen Gesandtem in Berlin mit uns gemacht haben, wohl noch erinnern und sie, wie wir in froher Erwartunz hoffen, auch erfuellen.

Es wuerde uns freuen, wenn Sie uns den Tag Ihrer Ankunft in China mitteilem. Wir werden die noetizen Veranstaltunzen treffen, um Ihnen die Reise moeglichst wenig beschwerlich zu machen.

Hochachtungsvoll

Y. P. Tsai

Rektor der National-Universitaet Peking, und zugleich im Namen der folzenden Institutionen :

蔡元培给爱因斯坦的信

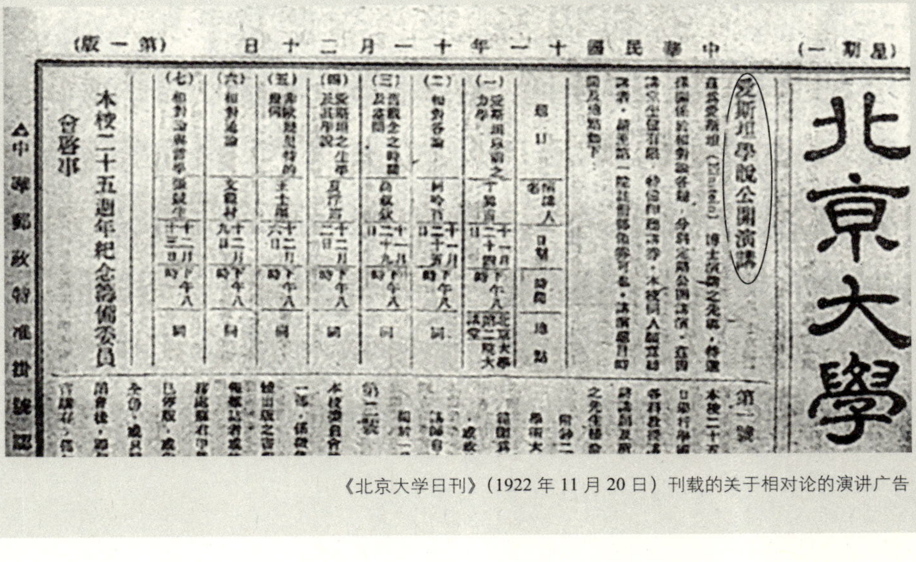

(星期一) 中華民國十一年十一月二十日 (第一版)

北京大學

愛斯坦學說公開演講

本校二十五週年紀念籌備委員會啓事

中華郵政特准掛號認

《北京大学日刊》(1922年11月20日) 刊载的关于相对论的演讲广告

再访上海 公开演讲

1922年12月31日上午,爱因斯坦乘日船"榛名丸"返欧途中,再次登陆上海。这次住在一犹太人家中,并与次日下午在公共租界工部局礼堂公开演讲相对论。1月2日仍乘原船离沪。

爱因斯坦后来曾就他到上海的感想讲道:"余第一次至东方,极为欢喜,有许多惊异之闻见。此间理想之气候,澄清之空气,南方天空灿烂之星斗,皆使余之头脑得一难以消灭之印象。此种印象,余将永不忘之。"

爱因斯坦此行,由于种种原因使北京讲学之邀未能成行,他本人也对此深表遗憾。1922年12月7日,他自日本京都寄给北大理学院院长夏元瑮的信上写道:

夏博士鉴:

今日接来书,甚为欣喜。然予恐不能来北京,对于君之盛意,实异常抱歉。此次在日本,以种种原因,费时太久,游中国、印度之决心,竟不能见诸事实。北京如此之近,而予之夙愿,终不得尝,其怅怅之情,君当可想象也。现以要事,急须西归,不能与君一晤,止能函告一切,君之盛情,敬心领矣。然予甚期望,君不久再来欧洲,吾等仍可会谈也。尊夫人之处,亦乞问候。

安斯坦

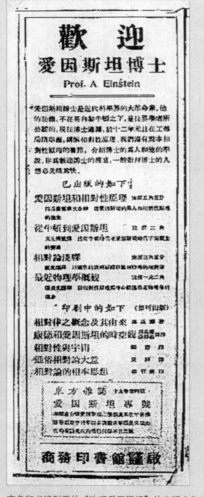

商务印书馆刊登的"欢迎爱因斯坦"的出版广告

感受中国 抒发认识

爱因斯坦在旅行日记中也谈到了对当时中国社会的认识:

在外表上,中国人受人注意的是他们的勤劳,是他们对生活方式和儿童福利的要求低微。他们要比印度人更乐观,也更天真。但他们大多数是负担沉重的:男男女女为每日五美分的工资天天敲石子,他们似乎鲁钝得不理解他们命运的可怕。

(上海)这个城市表明欧洲人同中国人的社会地位的差别,这种差别使得近年来的革命事件(即五四运动)特别可以理解了。在上海,欧洲人形成一个统治阶级,而中国人则是他们的奴仆。他们好像是受折磨的、鲁钝的、不开化的民族,而同他们国家的伟大文明的过去好像毫无关系。他们是淳朴的劳动者,……在劳动着,在呻吟着,并且是顽强的民族。

图1. 旧上海以船为家的流动住户
图2. 旧上海露宿于水泥阴沟筒中之流浪儿童
图3. 旧上海景象

数年之间 评价繁盛

据不完全统计，从1917年下半年在中国报刊上出现有关相对论的文字到1923年上半年，即爱因斯坦离开中国半年之后，在我国的几个报刊上刊出的有关爱因斯坦及其相对论的论著、译文、通讯、报告、文献等不下百篇；书籍（著作和译作）15种左右。这在饱受忧患、科学稚嫩的中国并非一件寻常事。

《少年中国》1920年1月15日目录　　　　《东方杂志》1921年8月25日目录

访问巴勒斯坦

在从日本回到德国的途中，爱因斯坦顺访了巴勒斯坦。他会见了当地的犹太领袖，并受英国托管当局的邀请在耶路撒冷呆了几天，并做了多次演讲。

爱因斯坦在里雄莱锡安（Rishon le Zion）受到民众的欢迎

爱因斯坦与当地的犹太复国主义领袖乌塞斯金（Ussishkin）

爱因斯坦在卡梅尔山（Mount Carmel）上种树

爱因斯坦在海法技术学院门前

爱因斯坦在海法的一个工厂参观

访问西班牙

在返回德国之前,爱因斯坦夫妇在西班牙首都马德里做了短暂停留。他在那里发表了演讲,并被选入西班牙科学院,受到国王阿方索八世(King Alfonso XIII)的接见。爱因斯坦在柏林遇到一些反犹主义的围攻这样事早就被德国以外的人所知。西班牙教育部长向爱因斯坦提出,如果他的宁静的学术生活被打破的话,西班牙可以为他提供庇护。

在接受爱因斯坦为西班牙科学院院士的仪式上。从左到右:教育部长、国王阿方索八世、爱因斯坦

南美之行

1925 年，爱因斯坦访问了南美三国：阿根廷、乌拉圭和巴西。在那里呆了三个月。他是3月5日从汉堡坐船出发的，航行20 天后才到达布宜诺斯艾丽斯。

与其他几次大的旅行的目的不尽相同。这一次的南美之行，他不太想与当地的科学社团联系。本来阿根廷的物理学家们是想向他发出邀请的，但大学当局没有同意。邀请是由当地的犹太拉比发出的。像以往一样，德国驻当地的大使馆或领事馆密切关注着爱因斯坦的一举一动。凡是由于爱因斯坦的缘故而给德国带来"荣耀"之事，他们都会向德国外交部报告。"这些德国人真可笑。在他们眼里，我就像是一朵散发出臭味的花，可他们硬是要把这样的花别在胸襟上。"

爱因斯坦南美旅行日记，1925 年 3 月 22 日和 27 日

由于德国国内的反犹主义猖獗，爱因斯坦与犹太人的接触更是受到他们的关注。德国大使馆要了解的是，爱因斯坦究竟是更多地代表了德国呢，还是更多地代表了犹太人。

事实上，爱因斯坦的这次南美之行，还有一种文化上的意义。爱因斯坦对于欧洲以外的文明有着非常大的兴趣。

爱因斯坦在阿根廷布宜诺斯艾丽斯大学学院演讲

爱因斯坦在阿根廷圣菲省（Santa Fe）罗萨里奥森沙莱斯（Sunchales）车站与当地的犹太人在一起

爱因斯坦在乌拉圭蒙得维的亚与学工程的大学生们合影

爱因斯坦的南美旅行日记。这两页记载了1925年5月6日他在里约热内卢工程师俱乐部的演讲

巴西报纸上关于爱因斯坦的漫画

巴西《圣保罗城市报》上的广告：爱因斯坦在柏林

"先生们：我的"相对论"在世界范围内都得到证实，除了圣保罗外。在圣保罗的安东尼奥·普拉多广场5号的彩票发行处，每天都有大量的好运。这是一个绝对特别、值得关注的事。"

永远离开德国

1932年12月，爱因斯坦离开德国去美国加州理工学院讲学，从此再也没有回到德国。在此之前的1930年11月至1931年3月，1931年12月到1932年3月，他曾两度到美国访问。他原本打算在美国加州理工学院呆半年，在德国威廉皇帝学会呆半年。

有两件事让爱因斯坦改变了主意。一是他与加州理工学院院长，美国第一位诺贝尔物理学奖得主密立根在观念上有很大的冲突。密立根希望爱因斯坦不要跟政治沾边，尤其是不要发表对德国"不利"的言论。但是鉴于德国国内的反犹运动越来越猖獗，爱因斯坦多次在公开场合谴责了纳粹的倒行逆施。另外，他收到了普林斯顿高等研究院的邀请。

爱因斯坦的1930年冬至1931年春的美国之旅日记。这里是该日记本的第一页，提到1930年11月30日离开柏林动物园车站的情景

爱因斯坦与亚当斯在威尔逊天文台，1931年1月29日

饱受怀疑

爱因斯坦成名不久,就受到攻击和怀疑。一方面,持反犹观点的业余科学家,以及坚持实验物理学才是真正的物理学的著名人物,构成了反爱因斯坦阵营。另一方面,因为他的和平主义观点,爱因斯坦在第一次世界大战时已被监视。在魏玛共和国期间,他因突出的政治影响继续被政府监视。爱因斯坦移居美国后,联邦调查局(FBI)为他建立了详尽的档案。他的有关世界政治的言论和他对美国民权运动人士的坚定支持在麦卡锡时期招致怀疑。美国众议院非美活动委员会收到大量狂热举报者的来信,指控爱因斯坦对美国国家安全造成威胁——其中一些理由十分荒诞。FBI调查局局长胡佛本人一心想证明爱因斯坦是一个具有"非美观点"的共产主义者,并且把他描述成共产主义机构的精神领袖。档案中列举了多达70余家这类机构。但是,爱因斯坦的名气太大了,联邦调查局不敢对这位杰出的科学家和世界公民采取行动。最后,他们不得不承认所搜集的材料对证明颠覆活动毫无用处。那些材料如此荒谬,为后世徒添笑柄而已。

业余科学界

爱因斯坦预言光线在引力场中弯曲,这一现象在1919年得到证实,于是相对论成为公众讨论的话题。相对论原理在专家们中被完全接受已经很长时间了。尽管如此,自从20世纪20年代以来,因为和"常识"相悖,时间空间的相对化在大众中一直受到猛烈攻击。

20世纪20年代,出现了大量反对相对论的文章。文章的作者有医生、工程师、化学家等各类人士,他们希望物理学可以对世界提供一个清晰、容易理解的图景。他们经常试图用非传统的理论来驳

K.弗格特赫尔:《相对论导向何处?》,1923年

斥相对论。业余科学界的一些理论拥有广泛的支持者,比如冰世界学说认为,宇宙是由火和冰二元素组成的,还有空心地球理论,该理论认为地球是一个空心球体,人类生活在球体的内部表面。

常识要求一个物理理论一定是清晰并且可理解的:仅当我们所有人都能把它和日常经验联系起来,一个对现实的描述才是正确的。物理学家、哲学家和业余科学家们试图

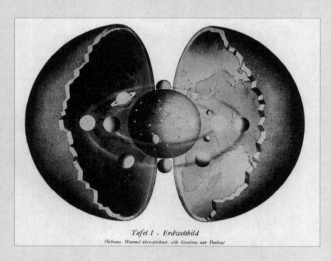

空心地球理论的图示,选自诺伊佩特:《宇宙的变革》,1929年

证明现代物理学是对科学的一个荒谬偏离。如果没有以太作为光传播的媒介，物理学是否可以生存？我们应该如何去理解弯曲空间和相对时间？如果同时性不是绝对的，那不就要把整个客观世界都相对化吗？

简而言之，就是用一个所谓普遍可理解的对常识的捍卫，来反对爱因斯坦。

清算相对论

匈牙利的自然哲学教授佩奇认为，绝对运动是可以证明的。"即使相对主义蔓延千年也不能动摇我们人类的基本信念，在机械师不断地往火车头和机器里加油时，运动的是

G. 佩奇：《清算相对论：计算太阳的速度》，雷根斯堡，1925 年

P. 伦贝蒂：《所有被发现的事物的原因：相对论的终结》，1925 年。伦贝蒂在这本书中提出了一个非同寻常的以太理论来攻击爱因斯坦的相对论

火车和轮船,而绝对不是岸和周围的环境。"在佩奇看来,这一机械运动是无需参照系的绝对运动。按照他的观点,相对论是基于对运动表象的错误理解,并会对经典物理学完美的结构产生极其严重的不良影响:"但是现在黑暗又一次降临了。所有的一切都被相对论动摇了。"佩奇试图用天体力学的方法证明太阳的速度是绝对运动,并希望以此为他的新的力学系统带来重大突破。

反相对论者阵线

一些只强调实验重要性的物理学家,如格尔克(Ernst Gehrcke, 1878—1960)和1905年诺贝尔物理学奖获得者勒纳德(Phillip Lenard,1862 — 1947)心有不甘。对于他们来说,相对论是一种令人无法接受的物理学的数学化处理。那些非简化的、不直接的理论不可能是真理。反犹主义者也要借机生事,他们联合在一起,组成了所谓的"反相对论公司",美其名为"德意志自然科学家保持科学纯洁性工作小组"。他们组织公开演讲,印发文集,认为相对论的成功主要是由于爱因斯坦做了大量的广告宣传的缘故。他们收集了5 000多个报纸上有关爱因斯坦或相对论的报道作为反驳的证据。1920年8月24日,反相对论系列讲座的序曲在柏林奏响了,反犹主义鼓吹者魏兰德首先开讲,他称相对论为"大众影响"和"科学达达主义"。爱因斯坦闻讯后旁听了他们的攻击。三天后,他在《柏林日报》上对这个"杂七杂八"的团体做了答复,声称格尔克和魏兰德的发言"不值得"回答。

其实,早在1920年9月的"德国自然科学家与医生会议"上,勒纳德和爱因斯坦在巴特瑙海姆就有过一次交锋,但他们的基本分歧不可能消除。政治氛围很紧张:爱因斯坦收到了民族主义团体的死亡威胁,而且有充分的理由严肃对待。因此他取消了许多公开讲演,他的反对者把这种反应当成怯懦。

勒纳德

勒纳德是第二个获诺贝尔奖的德国物理学家。后来,勒纳德编造出了荒唐的"犹太物理学"与"德意志物理学"之间的所谓对立,在纳粹德国时代成为所谓"雅利安科学"的鼓吹者。

勒纳德

勒纳德写的物理教科书:《德意志物理学》,1937 年,慕尼黑

格尔克

作为光学专家、实验物理学家的格尔克,在柏林帝国物理技术研究所度过了大部分学术生涯。他的科学兴趣非常广泛,包括物理、医学、哲学、地质学、声学及专利法。1911年以后,格尔克发表了许多反相对论的文章。他认为,同时性的相对化会导致整个

世界观的相对化，而相对论的实验验证用经典物理学解释就够了。20世纪20年代，他是反爱因斯坦组织的核心人物，其目的是想推动对现代物理学的联合抵制。

格尔克不相信现代物理学，在年老时仍写诗讽刺爱因斯坦。

格尔克，约1930年

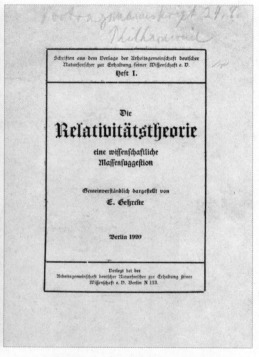
格尔克在音乐厅的演讲，附有注释的讲演小册子，1920年

魏兰德

魏兰德（Paul Weyland, 1888 — 1972）是一个鼓吹反犹主义的人，只是靠做临时工艰难度日，却自诩为工程师、化学家和作家。1920年，魏兰德被媒体誉为"柏林的爱因斯坦杀手"。在他于1920年在柏林音乐厅作报告反对相对论之前，科学界完全没人知道

他。为了反对相对论,他自告奋勇地组建了"德意志自然科学家保持科学纯洁性工作小组"。冯·劳厄认为这个性格阴暗的人是个典型的战后"投机商"。在一段以骗钱为生、远离家乡到非洲历险的失败生活之后,他在20世纪50年代的美国回到了利用爱因斯坦的老路:在麦卡锡时代的顶峰,魏兰德向美国联邦调查局(FBI)诬告爱因斯坦是个共产主义者。

保罗·魏兰德

魏兰德办的反犹主义的报纸

施塔克

施塔克(Johannes Stark,1874—1957),因发现"极隧射线的多普勒效应以及电场作用于光谱线的分裂现象",获1919年的诺贝尔物理学奖。他本是一个很有才华的实验物理学家,但为了个人野心,成了一名狂热的反犹主义者。他顽固地反对相对论和量子论。1933年至1939年,他靠纳粹的干预,当上了帝国物理技术研究所所长和德意志研究

施塔克

协会会长。后来，他想夺取德国物理学会主席之职，将整个德国物理研究收入麾下。由于劳厄等人的坚决抵制，他遭到了可耻的失败，他想进入普鲁士科学院的努力也没有成功。"二战"后，他被纽伦堡法庭判刑四年。

一个就够了

《100位作者反对爱因斯坦》(*100 Autoren gegen Einstein*)是一本文集，除了爱因斯坦的反对者提出的28点声明外，还包括以前出版的反爱因斯坦的文章的节选。由工程师伊斯拉埃尔、演员魏因曼和作家鲁克哈伯于1931年出版发行，也是魏玛时期反对相对论的最后一次集体行动。而20年代积极活跃的爱因斯坦的反对者格尔克和勒纳德并没有贡献新的观点：格尔克只是抛出了他以前已人所共知的文章，并说他没有什么要补充的。即使哲学家丁勒(Hugo Dingler)也不愿意参加。他认为，要推翻相对论，只能通过无懈可击的论述，而不是通过举手表决，多数通过的方式，而他已经做出了无懈可击的论述。事实上反对爱因斯坦的大多数人是观点不一的。出版商把这种现象作了积极的解释："我们不能提出一个统一战线，因为反方是这样暧昧和不清晰。但有一点是可以肯定的，无论爱因斯坦的支持者们提出什么样的论点，我们都会提出相应的有揭示作用的反驳。"

《100位作者反对爱因斯坦》里面收集的文章都是20年代最著名的反对爱因斯坦的论点：光速为常数的假设是荒谬

伊斯拉埃尔、鲁克哈伯、魏因曼（编）：《100位作者反对爱因斯坦》(1931)

的；以太是科学中必要的概念；等效原理无非只是幻象；相对论根本上是物理学上的相对主义。

当爱因斯坦听说这样事后，不无调侃地说，为什么要一百个呢？如果他的理论真的错了，一个作者指出来就够了。

黑名单

爱因斯坦1915年加入"新祖国联盟"组织，这一和平组织在1916年2月被取缔。之后他就开始遭到帝国军方和警方的监视。1916年3月柏林军方总部要求科学院提供爱因斯坦院士的个人资料。自1916年开始，爱因斯坦甚至被监视。告密者只能讲，爱因斯坦确实是"新祖国联盟"组织的一名成员，

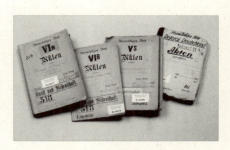

德国外交部政治档案中关于爱因斯坦的文件

但其实表现并不是很突出——而且他享有"可以想见的最好的道德名声"。在魏玛共和国时期，很多政治官僚，特别是那些被留任下来的皇帝时期的官僚，一直以怀疑的眼光看待爱因斯坦。外交部收集了关于爱因斯坦在国外的出行和停留的报道。爱因斯坦的档案猛增。

普鲁士科学子、艺术与大众教育部关于"爱因斯坦相对论"的档案，立案时期为1919年11月至1934年10月

早在1918年1月29日，在柏林州警察局里就按姓名、住址、出生年月将和平主义者登记在册。总共31人当中，爱因斯坦排第9位

FBI 档案

FBI 收集了爱因斯坦各方面的材料，其档案有上千份文件之多。

鉴于爱因斯坦对世界政治的公开表态，特别是他在争取美国民权运动过程中的积极态度，使得 FBI 试图通过有意散布错误消息，在社会上孤立他。冷战期间，FBI 收集了许多荒谬的关于爱因斯坦的情报，比如，爱因斯坦知道并且同意把他在柏林的住所提供给苏联间谍作为联络地。爱因斯坦的秘书也被怀疑是共产党员。有人甚至猜测，爱因斯坦正在与其他科学家一起进行秘密武器的实验。爱因斯坦还被怀疑向苏联间谍克劳斯·富克斯（Klaus Fuchs）泄露美国原子弹计划的机密等等。事实上，爱因斯坦和此人从未有过任何接触。

FBI 的档案成了历史笑料。遗憾的是，类似的情形还在世界各地上演。

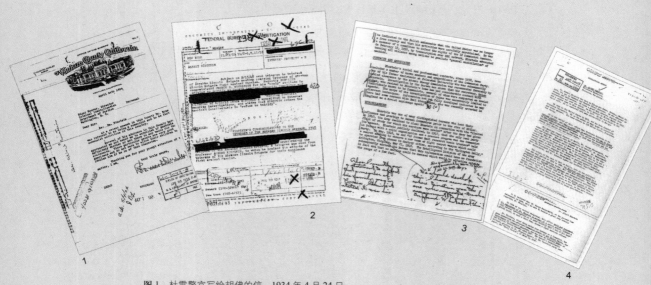

图 1. 杜雷警官写给胡佛的信，1934 年 4 月 24 日
图 2. 关于爱因斯坦与林肯旅的退伍军人联系的报告，1953 年 11 月 23 日
图 3. 1950 年 4 月 15 日的一份 FBI 报告，上面有胡佛的批示
图 4. FBI 关于爱因斯坦在柏林及其政治环境的报告

剽窃者？

对爱因斯坦的另一种诬蔑，就是认为他是一个剽窃者。

1921年，有两个问题对《迪尔伯恩独立报》的编辑们来说特别重要，以致在第一版刊出《爱因斯坦是个剽窃者？》和《犹太人承认布尔什维克主义！》。两个标题都反映出汽车巨头福特（Henry Ford）旗下周报的安排。他是一个强硬的反犹主义者，早在20世纪20年代初期就在自己的报纸上攻击"犹太人的国际阴谋"。20年代早期，他将一系列的文章集结出版，成为臭名昭著的反犹册子：《国际犹太人：世界的头号问题》。这本书的德文版很快就在德国反犹主义者中间传播开来。

《迪尔伯恩独立报》，1921年4月30日

《迪尔伯恩独立报》发表了多篇反相对论的文章。反犹圈子总是指责爱因斯坦是个剽窃者，他们声称不是犹太人爱因斯坦而是一些德国科学家发现了相对论。作为例证，这些批评摆出一些所谓的先驱，他们在经典物理学框架处理了由相对论解释的一些个别的效应，比如水星近日点进动等。

死亡威胁

早在1921年，莱比乌斯（Rudolf Lebius，1868—1946）就在持反犹观点的《国家公民报》上公开叫嚣要杀害爱因斯坦。该记者只是受到轻微的罚款，对此持民主观点的媒体很是不满。法兰克福《人民之音》评论："这令人蒙羞，但又不得不说：世界上没有哪个国家像德国这样能够容忍对爱因斯坦这样的思想巨人发出侮辱的挑衅。"拉特瑙被杀后，爱因斯坦也再次受到威胁。1922年他告诉普朗克和冯·劳厄，很多人警告他，他的名字也出现在欲杀名单上。因此爱因斯坦从公众生活中隐退下来，取消讲座和演讲，甚至考虑干脆离开德国。民主报纸警觉地称之为"德国文化的耻辱"，纳粹报纸指责对爱因斯坦的威胁不过是他的一种自我宣传。爱因斯坦决定延长在国外的逗留时间，以躲避日趋紧张的政治气氛。

《新柏林12点报》，1922年9月29日，标题为"爱因斯坦从威廉皇帝科学院辞职"

"著名的学者"，《芝加哥论坛》，1922年9月3日

1922年8月8日《上西西里报》："爱因斯坦上了被谋杀者名单"

《人民之音》，1921年6月22日

抗议相对论的声明，1922年

纳粹夺权

德国民主的第一个陷落是一个不知不觉被阴谋陷害的过程。甚至早在1933年前，德国总统兴登堡（Paul von Hindenburg）就越过议会的控制用紧急法实施统治。保守势力认为希特勒被提名为帝国总理，能遏制纳粹运动，但是却低估了宣传和恐吓结合在一起的威力。国会大厦纵火案被用来残酷迫害不同政见者，德国国家社会主义工人党（纳粹党）在大选中获胜，宪法被一步一步地蚕食。《授权法案》结束了德国的议会制。从1933年4月开始有步骤地隔离和迫害犹太人。所谓的《职业官吏重组法》则更为变本加厉。法律外表下隐藏的是任意玩弄，成千上万名法官、医生和科学家失去了工作。德国有教养的精英几乎没做任何反抗。

图1. 红色的危险。兴登堡对希特勒说："这是从天而降的好机会。如果你现在不能成为一个独裁者，你就再也没有可能啦。"
图2. 改变德国命运的时刻。1933年3月21日，兴登堡与希特勒之间的"灾难性的握手"

高压统治下的德国科学家

在纳粹统治下，德国科学家们面临着一系列的压力。首先，大批像爱因斯坦这样的具有犹太血统的科学家不得不离开德国或被驱逐出境。比如，莉泽·迈特纳（Lise Meitner, 1878—1968）、奥托·迈耶霍夫（Otto Meyerhof, 1884—1951，1938年被逐，在此之前在海德堡威廉皇帝医学研究所工作）、里夏德·戈德施密德（Richard Go-ldschmidt, 1878—1958，1935年被逐，在此之前在柏林威廉皇帝生物研究所工作）、卡尔·诺伊贝格（Carl Neuberg, 1877—1956，1939年被逐，在此之前在柏林威廉皇帝化学研究所工作）、鲁道夫·拉登堡（Rudolf Ladenburg, 1882—1952；1932年离开德国，在此之前在威廉皇帝物理化学研究所工作）。

除了勒纳德、施塔克等死心塌地地充当纳粹的帮凶外，普朗克、冯·劳厄、海森伯和索末菲等人出于不同的理由选择留在德国。其中，海森伯在纳粹时期的所作所为引起争议。

莉泽·迈特纳，1938年被逐出德国，在此之前作为哈恩的同事，在柏林威廉皇帝化学研究所工作

冯·劳厄

冯·劳厄（Max von Laue, 1879 — 1960）出生在科布伦次附近的普法芬多夫。他是一个德国军事管理官员的儿子。曾师从普朗克。在他的学术生涯的早期，爱因斯坦的工作极大地激发了他。1907年至1911年间，他发表了8篇关于相对论应用的论文。但是他最知名的工作是发现了X射线在晶体中的衍射，因此获得了1914年度的诺贝尔物理学奖。同普朗克一样，他也是德国科学界的领袖。爱因斯坦在希特勒上台以后发表了一系列谴责纳粹暴行的言论，并宣布与德国脱离关系。冯·劳厄曾写信劝爱因斯坦对政治问题采取克制态度。1933年5月26日爱因斯坦给劳厄回信道：

> 我不同意您的看法，以为科学家对政治问题——在较广泛的意义上来说就是人类事务——应当默不作声。……试问，要是布鲁诺、斯宾诺莎、伏尔泰和洪堡也都是这样想，这样行事，那么我们的处境会怎样呢？我对我所说过的话，没有一个字感到后悔，而且相信我的行动是在为人类服务。

冯·劳厄虽然在政治上没有公开谴责纳粹，但在学术上始终积极抵制纳粹的倒行逆施。他公开为相对论辩护，反对希特勒的追随者施塔克当选科学院院士。他利用自己的科学威望帮助受迫害的同事。在纳粹攫取政权后，爱因斯坦仍和劳厄保持联系，赞扬他是少数能显示道德勇气并"保持正直"的同事之一。爱因斯坦在后来给劳厄的一封信中写到："……你不仅是一个思想家，而且也是一个高尚的人。"

冯·劳厄，约1940年

冯·劳厄的《相对论原理》的封面，不伦瑞克，1911年

图1. 能斯特、爱因斯坦、普朗克、密立根和劳厄在柏林，1928年
图2. 冯·劳厄与玻色（S.N.Bose）在一起
图3. 1935年6月21日普朗克在威廉皇帝金属研究所揭幕仪式上
图4. 索末菲，1930年左右

抄家 没收财产

1933年初,爱因斯坦从美国回到欧洲,在格拉斯哥大学和牛津大学做过演讲之后,他来到了比利时奥斯坦德附近的列科克海滨,准备住到夏末。他几乎每周都要同比利时的伊丽莎白王后等人合奏室内四重奏。但纳粹加紧了对爱因斯坦的迫害。用五万马克悬赏他的首级。

1933年5月,纳粹冲锋队抄了爱因斯坦在卡普特的家,理由是"寻找共产党人藏在那里的武器",搜出的全部武器是一把切面包的小刀。

幸得法国大使蓬歇(A.F.Poncet)的帮助,爱因斯坦的一些论文借助外交封印经法国最终送到美国。

这张爱因斯坦在卡普特使用的书桌也是在法国大使蓬歇的帮助下,一同经外交封印经法国最终送到美国的

爱因斯坦在卡普特的夏季别墅书房的窗前

1933年4月1日，警察已经查封了"犹太教授爱因斯坦"的银行存款。

盖世太保就没收财产致信普鲁士财政部长：

在附件中，我奉上了4张警察没收的股票和现金的清单，为了普鲁士政府的利益，这些东西存放在柏林—舍恩贝格的警察财务总部、内政部财务处，以及德累斯顿银行90号存款账户之上。请你们收到后，妥善保管。

退出普鲁士科学院

纳粹分子原定在排犹日（1933年4月1日）将爱因斯坦开除普鲁士科学院，但爱因斯坦退出科学院的声明却比纳粹的计划抢先了一步。当他还在比利时列科克时，就主动声明放弃普鲁士国籍。在此之前的3月10日，爱因斯坦在美国加州发表了不回德国的声明。"只要我还能有所选择，我就只想生活在这样的国家里，这个国家中所实行的是：公民自由，宽容，以及在法律面前公民一律平等。公民自由意味着人们有用言语和文字表示政治信念的自由；宽容意味着尊重别人的无论哪种可能有的信念。这些条件目前在德国都不存在。"

含有爱因斯坦名字的一页清单，1933年12月16日

爱因斯坦退出普鲁士科学院的信，1933年3月28日

德国目前的情况促使我决定放弃我在普鲁士科学院的职位。19年以来，科学院能让我全心投入我的科学工作而完全不用负担任何教授职责。对此我怀有极为深挚的谢意。我很不情愿离开这个圈子，相当重要的是因为作为院士的很长时间里，我享受到了这个令人振奋的环境和良好的人际关系，并对此怀有最深的敬意。然而鉴于目前的状况，我认为自己难以接受这一隶属于普鲁士政府的职位。

这是爱因斯坦从美国返回欧洲时在"贝尔根兰"号客轮上写下的声明。

我向报界发表过的声明所关涉到的是我打算辞去我在科学院中的职位，并且放弃我的普鲁士公民权；我所以要采取这些措施，是因为我不愿生活在个人享受不到法律上的平等，也享受不到言论和教学自由的国家里。

此外，我把德国目前的情况描述为群众中的一种精神错乱状态，而且还讲到了它的一些原因。

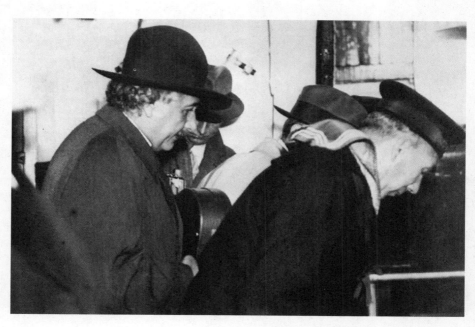

作为流亡者的爱因斯坦到达纽约，1933年10月

上帝不掷骰子

爱因斯坦是量子理论的奠基者之一。当他于1905年提出光量子概念，用它来解释光电效应时，几乎所有的物理学家都反对他。甚至早在1900年就提出了量子概念的普朗克也认为爱因斯坦在"思辨中走得太远了"。1906年，爱因斯坦用量子论对热分子运动论进行修正，从而解决了困惑物理学家们几十年的固体比热问题，并且在1909年还进一步看到光的本质应该是"波"和"粒子"的某种"综合"。直到1916年，密立根还认为光量子假说是站不住脚的。

海森伯在1925年引入了不再为原子中的电子规定特殊轨道的新力学——矩阵力学，1926年，薛定谔扩展了德布罗意的物质波思想，明确给出了电子的波动方程。事实很快变得很清楚，两种理论实际上是等价的，量子力学也由此发展起来。1927年海森伯在其理论中明确表述了不确定性原理：即粒子的某些属性——例如位置和速度——不可能同时任意精确地确定。爱因斯坦坚信，包含这种不确定性的理论只是几率表述，不能给出物理实在的完全描述。他用旨在证明量子力学不完备的思想实验来捍卫他的立场。提出了著名的爱因斯坦-波多尔斯基-罗森思想实验(EPR实验)，虽然它并不能驳斥量子力学，但至少展示了它是多么有悖于直觉。

当爱因斯坦1932年底离开德国时，量子理论已蔚为大观。这是一群年轻人完成的事业，他们聚集在玻尔周围，以"互补原理"和"测不准关系"作为哥本哈根学派诠释的基础。尽管爱因斯坦承认量子力学的有效性，但并不认为它是一个"真正的"理论。他坚持因果性，不相信上帝会掷骰子。他与玻尔等人之间展开了旷日持久的争论。

在关于量子力学的解释方面，爱因斯坦属于少数派。

第十部分

量子理论的精英们

普朗克授予爱因斯坦普朗克奖章，1929年

玻尔，1920年

量子理论的精英

玻尔（Niels Bohr, 1885 — 1962），丹麦物理学家。1913年提出原子模型。获1922年度诺贝尔物理学奖。1920年丹麦政府专门为他设置了理论物理学教席，一年以后建成研究所，该所很快就成为原子研究者的"圣地"。他在与学生和同事们的无数次的讨论中奠定了量子力学的基石。量子理论的后起之秀多把玻尔看作他们的导师。

海森伯（Werner Heisenberg, 1901 — 1976），德国物理学家，量子力学的主要奠基者之一，因提出矩阵力学和测不准关系，获1932年度诺贝尔物理学奖。

海森伯在1941年秋赴哥本哈根与玻尔见面，这段历史引起了广泛关注。关注的焦点在于海森伯是否为纳粹效力。他在纳粹统治时期的表现颇受非议。

海森伯　　　　　　　　　　海森伯与玻尔

海森伯与爱因斯坦之间的通信表明，他们在对待量子力学及其对因果性的放弃方面有着完全不同的看法。诚如爱因斯坦1926年8月21日在给索末菲的信中所说的："海森伯－狄拉克的理论我固然钦佩，但是我却闻不出真理的气味。"

海森伯写给爱因斯坦的信，1927年6月10日

泡利（Wolfgang Pauli，1900—1958）是20世纪一位罕见的天才，对相对论及量子力学都有杰出贡献，因发现"泡利不相容原理"而获1945年度诺贝尔物理学奖。他具有敏锐的批判能力，被称为"爱因斯坦第二"（Zweistein）。

泡利

泡利与爱因斯坦在莱顿，1926年，埃伦菲斯特摄

薛定谔

薛定谔（Erwin Schrödinger, 1887—1961），奥地利物理学家，获1933年度诺贝尔物理学奖。1925—1926年冬提出描述原子过程的波动力学，比矩阵力学具有更直接的物理意义。很快，"薛定谔方程"作为描述量子力学的方法受到更大欢迎。

从薛定谔与爱因斯坦之间的通信中可以看出，爱因斯坦对薛定谔的波动力学的发展所产生的影响。

薛定谔写给爱因斯坦的信，1925年12月4日　　　　　　　　　　　玻恩

玻恩（Max Born, 1882—1970），出生于布雷斯劳，1914年在柏林大学获得教授职位，并与爱因斯坦成为朋友。1920年被任命为哥廷根大学理论物理学正教授。哥廷根得以成为量子力学产生和应用的基础研究的中心之一，玻恩起了决定性的作用。1926年提出量子力学的统计解释，直到1954年才因此获得诺贝尔奖。由于具有犹太血统，希特勒上台后，玻恩不得不流亡。晚年，他是一个和平与裁军的积极倡导者。

> 量子力学固然是堂皇的，可是有种内在的声音告诉我，它还不是那真实的东西。这个理论说得很多，但是一点也没有真正使我们更加接近"上帝"的秘密。我无论如何深信上帝不是在掷骰子。……
>
> ——爱因斯坦1926年12月4日写给玻恩的信

爱因斯坦 1944 年 9 月 7 日写给玻恩的信

　　在我们的科学期望中，我们已成为对立的两极。你信仰掷骰子的上帝，我却信仰客观存在的世界中的完备定律和秩序，而我正试图用放荡不羁的思辨方式去把握这个世界。我坚定地相信，但是我希望：有人会发现一种比我的命运所能找到的更加合乎实在论的办法，或者说得妥当一些，会发现一种更加明确的基础。甚至量子理论开头所取得的伟大成就也不能使我相信那种基本的骰子游戏，尽管我充分意识到我们年轻的同事们会把我这种看法解释为衰老的一种后果。毫无疑问，有朝一日我们总会看到谁的本能的态度是正确的。

爱因斯坦纪念牛顿逝世 200 周年的文章手稿，1927 年 3 月

纪念牛顿

在牛顿逝世200周年之际，爱因斯坦写了一份简短的公开信发表在《自然》(Nature)杂志上。手稿中有大量的删改，同时还存在另外一个版本。从附言中，人们可以看出，起草这封信对爱因斯坦来说并不容易。附言强烈承认对经典物理学的决定论的信仰。爱因斯坦以近乎宗教的口吻乞灵于牛顿的魂灵并希望能克服量子力学的非决定论。

第五次索耳未会议

下图为1927年10月在布鲁塞尔举行的第五次索耳未会议的合影。在第一次索耳未会议16年后,爱因斯坦已稳居物理学家的中心位置。此时站在边缘位置的是缔造量子力学的一批年轻人。

后排(从左到右):皮卡德(A.Piccard)、亨里厄特(Ed.Henriot)、埃伦菲斯特、赫尔岑(E.Herzen)、德·唐德(Th.De Donder)、薛定谔、弗尔沙费耳特(E.Verschaffelt)、泡利、海森伯、福勒(R.H.Fowler)、布里渊(L.Brillouin)

中排:德拜(P.Debye)、克努森(M.Knudsen)、布拉格(W.L.Bragg)、克拉梅斯(H.A.Kramers)、狄拉克、康普顿(A.H.Compton)、L.德布罗意、玻恩、玻尔

前排:朗缪尔(I.Langmeir)、普朗克、居里夫人、洛伦兹、爱因斯坦、朗之万、古伊(Ch.E.Guye)、威尔逊(C.T.R.Wilson)、理查逊(O.W.Richardson)

第六次索耳未会议

1930年，爱因斯坦参加了在布鲁塞尔举行的第六次索耳未会议。在会上他与玻尔就量子力学发生了著名的争论。居里夫人、狄拉克、索末菲、泡利、费米也参加了此次会议。

第六次索耳未会议代表合影

与玻尔论战

爱因斯坦与玻尔是 20 世纪两位最杰出的物理学大师，他们之间相互敬重。爱因斯坦对玻尔的开拓性工作一直深怀敬意。1920 年，玻尔在写给爱因斯坦的信中说："与您相见和谈话，是我有生以来最伟大的经历。"几年后他们发现，在有关物理学的重大原则问题上，两人有着完全不同的看法。

在 1927 年和 1930 年布鲁塞尔举行的第五次和第六次索耳未会议上，爱因斯坦和玻尔关于量子力学解释的许多讨论令在场的物理学家印象深刻。海森伯和玻尔提出不能同时精确测量互补的物理量，如位置和速度，为量子力学的形式解释辩护。爱因斯坦试图通过不同的思想实验来反驳，在这些实验中可以任意精确测量两个互补值。玻尔进一步提出反驳，认为测量工具也表现出互补量的测不准性，因此同一测量工具不能测量两个互补的数值。这一点使得爱因斯坦思想实验中的测量事实上不可能实现。

对于爱因斯坦与玻尔，很难说谁的工作促进了另一个人的进展，实际上，40 年间，他们之间的相互影响是很大的，不过是在不同的层次上。他们本着友好和无畏的斗争精神争论原则问题。

爱因斯坦和玻尔，1925 年 12 月，埃伦菲斯特摄

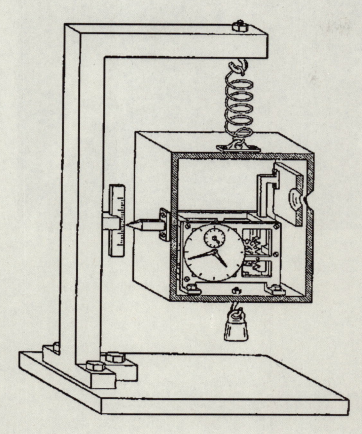

爱因斯坦的盒子里的钟
实验草图（玻尔绘）

真正的争吵

在为庆祝爱因斯坦70岁生日而出版的《爱因斯坦：哲学家－科学家》一书中收有包括玻尔在内的许多科学家对爱因斯坦工作的评价，而最后部分是爱因斯坦对批评的回答。玻尔在上面的信中感谢爱因斯坦对他的批评的友好回应。正是在这本书的最后，爱因斯坦写道："人们只会同他的兄弟或者亲密的朋友发生真正的争吵；至于别人，那就太疏远了。"

玻尔与爱因斯坦，20世纪20年代末

```
UNIVERSITETETS INSTITUT          BLEGDAMSVEJ 15   11.April 1949.
        FOR                      COPENHAGEN, DENMARK
   TEORETISK FYSIK


                    Lieber Einstein,
                       Vielen Dank für Ihre freundlichen Zeilen. Es war
                    für uns alle eine grosse Freude, anlässlich Ihres Geburts-
                    tages unseren Gefühlen Ausdruck zu geben. Um in demselben
                    scherzhaften Tone zu sprechen, kann ich nicht umhin, über
                    die bangen Fragen zu sagen, dass es sich meines Erachtens
                    nicht darum handelt, ob wir an einer der physikalischen
                    Beschreibung zugänglichen Realität festhalten sollen oder
                    nicht, sondern darum, den von Ihnen gewiesenen Weg weiter
                    zu verfolgen und die logischen Voraussetzungen für die Be-
                    schreibung der Realitäten zu erkennen. In meiner frechen
                    Weise möchte ich sogar sagen, dass niemand -und nicht mal
                    der liebe Gott selber- wissen kann, was ein Wort wie wür-
                    feln in diesem Zusammenhang heissen soll.
                                          Mit herzlichen Grüssen
                                                 Ihr
                                                    Niels Bohr
```

玻尔1949年4月11日写给爱因斯坦的信

量子力学与实在

爱因斯坦坚持的是物理学的实在论,即物理理论完全能够反映与主体无关的客观世界,因果性是自然界的基本规律。而量子理论恰恰在是否存在脱离于人的客观世界和完全的因果性上与传统物理学甚至相对论产生分歧。正是在这种意义上,爱因斯坦认为量子理论是不完备的有待进一步发展的理论。

爱因斯坦1948年发表在《辩证法》杂志上的文章:《量子力学与实在》

下面我将扼要地并且以一种粗浅的方式来说明,为什么我认为量子力学的方法是根本不能令人满意的。不过我要立即声明,我并不想否认这个理论是标志着物理知识中的一个重大的进步,在某种意义上甚至是决定性的进步。我设想,这个理论很可能成为以后一种理论的一部分,就像几何光学现在合并在波动光学里面一样:相互关系仍然保持着,但其基础将被一个包罗得更广泛的基础所加深或代替。

晚年岁月

在纳粹上台以前，爱因斯坦就接到美国的邀请。普林斯顿高等研究院为他提供了一个研究职位。

1933年4月初，还逗留在比利时的爱因斯坦获悉他的账户已被纳粹没收。5月底，纳粹冲锋队搜查了爱因斯坦的住所。由于法国大使的帮助，珍贵的文字资料才得以拯救。爱因斯坦首先前往英国，在那里为一项救助难民的工程而奔走。10月中旬他才动身去美国。

在美国，在科学上他还继续着他的研究。一方面，他进一步对狭义和广义相对论进行精致化，使他们成为逻辑上更加密切相关的一个整体，另一方面，他没有放弃对量子理论进行批判。他晚年最大的工作就是试图找到一个"统一场论"，但直到去世，也没有成功。

对统一场论的追求和对量子力学的不满使他逐渐远离物理学发展的中心。那段时期，正是量子电动力学取得惊人进展，新粒子意想不到地被发现的年代，也是爱因斯坦的物理学和年轻一代的物理学之间鸿沟越来越宽的年代。

在政治上，他并没有像聘请他的人所要求的那样，保持沉默。他仍然是一个具有批判精神的知识分子，指出社会和政治的不公正。由于担心德国研制原子弹，1939年他建议进行核裂变的军事研究。可是后来他公开反对核军备竞赛。当麦卡锡主义甚嚣尘上时，他勇敢地站出来表达自己的不满。他也对美国社会中的不公正现象提出了严厉的批评。他还支持民权运动。对于一个持有警惕态度的当权机构而言，这是一种不快的来源。

由于纳粹德国杀害了600万犹太人，爱因斯坦后来始终与德国保持距离。

他生命中的最后22年都是在小而恬静的普林斯顿度过的。1940年他加入美国国籍。

第十一部分

高等研究院

普林斯顿高等研究院成立于1930年,最有名的科学家在此可以专注于自己的研究,而不用承担教学或行政工作。除了爱因斯坦,首批成员包括数学家冯·诺依曼(Johan von Neumann)和外尔(Hermann Weyl)。20年代几乎所有重要的物理学家和数学家(至少作为该院的客座科学家)在这里工作过。如今,该院除了一开始的数学部外,还有自然科学、历史和社会科学部。

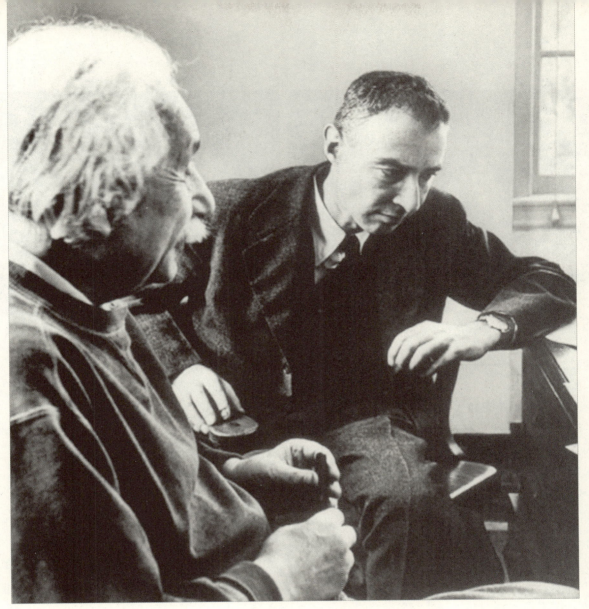

5

图1. 爱因斯坦和美国进步党总统候选人华莱士（左边）、新闻记者金登（右边第二人）和歌唱家、民权积极分子罗伯逊，1948年
图2. 爱因斯坦与玛戈特在新泽西州特雷顿加入美国籍，1940年10月1日
图3. 爱因斯坦在普林斯顿的房子
图4. 爱因斯坦、玛戈特与爱尔莎，1935年
图5. 爱因斯坦与当时的研究院院长奥本海默交谈，1947年

  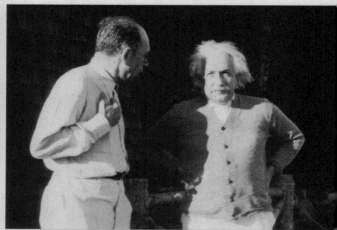

爱因斯坦在普林斯顿家的走廊　　1935年的爱因斯坦　　爱因斯坦与女婿凯泽尔在一起。凯泽尔曾写过一本爱因斯坦传记

有条件的和平主义

纳粹德国的侵略政策，使爱因斯坦改变了他对于有良知的反战者的态度。在他看来，民主国家必须有能力反对纳粹德国。

对我来说有一件事是非常明确的：和平问题的有效解决只能依靠建立一个超国家的仲裁机构。与眼下的日内瓦国际联盟不同，这个机构有执行决定的手段。简而言之，它是一个国际正义法庭，永久拥有强有力的军队或警察机构……

《论和平主义》：爱因斯坦答复阿林森的文章的草稿，1934年11月27日

声援奥西厄茨基

奥西厄茨基（Carl von Ossietzky，1889—1938）是《世界舞台》杂志的主编，也是对漏洞连连的魏玛宪法持批判态度的最有影响力的评论家。1929年3月12日，《世界舞台》发表了一篇题为《来自德国航空器的风声》的文章，它是一篇关于德国秘密军备活动的报道。作为责任编辑和出版商的奥西厄茨基和作者克莱泽尔（Walter Kreiser，1898—1954）被控叛国，这个审判引起巨大反响。许多名人，包括托马斯·曼和爱因斯坦，应律师阿普费尔（Alfred Apfel）请求声援奥西厄茨基。奥西厄茨基被判刑18个月，后来因为大赦，半年后即1932年12月被释放出来。纳粹上台后，又被关进集中营。

1935年，爱因斯坦提名奥西厄茨基为诺贝尔和平奖候选者。

1936年，诺贝尔奖委员会不顾纳粹政府的反对，坚持将1935年度的诺贝尔和平奖授予奥西厄茨基，以表彰他对"和平事业做出的有价值的贡献。"

1938年5月，奥西厄茨基因病在狱中去世。

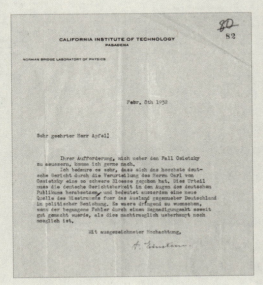

爱因斯坦写给奥西厄茨基的律师阿普费尔的信，帕萨迪纳，1932年2月8日

致信美国总统

1939年7月,当西拉德(Leo Szilard,1898—1964)和维格纳(Eugene Wigner,1902—1995)到长岛找到正在那儿休养的爱因斯坦后,向他讲述了原子裂变产生中子,可以导致链式反应的种种推断。爱因斯坦非常吃惊。尤其吃惊的是,德国人正在采取某种先发制人的行动。这就导致了给罗斯福总统的那封著名的信。

我从费米、西拉德的手稿里,知道了他们最近的工作,使我预料到在不久的将来铀元素会变成一种重要的新能源。这一情况的某些方面似乎需要加以密切注意,如有必要,政府方面还应迅速采取行动……

爱因斯坦写给罗斯福总统的信,1939年8月2日

……已经有几分把握地知道,在大量的铀中建立起原子核的链式反应会成为可能,由此,会产生出巨大的能量和大量像镭一样的元素。现在看来,几乎可以肯定,这件事在不久的将来就能做到。

这种新现象也可用来制造炸弹,并且能够想象——尽管还很不确定——由此可以制造出极有威力的新型炸弹来。只要一个这种类型的炸弹,用船运出去,并且使之在港口爆炸,很可能就会把整个港口连同它周围的一部分地区一起毁掉……

> THE WHITE HOUSE
> WASHINGTON
>
> October 19, 1939
>
> My dear Professor:
>
> I want to thank you for your recent letter and the most interesting and important enclosure.
>
> I found this data of such import that I have convened a Board consisting of the head of the Bureau of Standards and a chosen representative of the Army and Navy to thoroughly investigate the possibilities of your suggestion regarding the element of uranium.
>
> I am glad to say that Dr. Sachs will cooperate and work with this Committee and I feel this is the most practical and effective method of dealing with the subject.
>
> Please accept my sincere thanks.
>
> Very sincerely yours,
>
> Franklin D. Roosevelt
>
> Dr. Albert Einstein,
> Old Grove Road,
> Nassau Point,
> Peconic, Long Island,
> New York.

罗斯福总统1939年10月19日回复爱因斯坦的信，表示同意组成一个委员会研究爱因斯坦的建议，并责或有关人员与这个委员会合作

西拉德

西拉德是一名匈牙利犹太土木工程师的儿子。先在布达佩斯学习电工学，然后在柏林学习物理，1922年获博士学位，导师是劳厄。他从1924年开始在柏林大学理论物理研究所工作。1933年不得不流亡，先是前往英国，然后去了美国，1940年在哥伦比亚大学获得一个职位。在芝加哥参与了费米领导的第一个核反应堆的成功实验。战后，他获得芝加哥大学生物物理学的教授职位。西拉德在技术方面的兴趣带来了众多专利，其中有

1927年和爱因斯坦合作的冰箱专利。当他1939年得知核裂变这一发现时，立即明白其物理和政治上的直接后果。他利用自己与爱因斯坦的良好关系，促成将那封著名的信件交到罗斯福总统手中。

西拉德，1960年

爱因斯坦与西拉德在起草那封给罗斯福总统的信（事后补拍）

美国海军顾问

"二战"期间爱因斯坦曾担任美国海军军械局的非常任顾问。

并非"原子弹之父"

由于不被信任，爱因斯坦根本就没有参与任何与原子弹有关的研究活动。有人认为爱因斯坦1939年给罗斯福总统的那封信启动了美国的核计划，这也过于夸大了这封信的作用。事实上，爱因斯坦的建议被搁置了。不得已，1940年3月7日，爱因斯坦再次给罗斯福总统写信。但这两封信与曼哈顿计划的建立没有直接关系。

1945年8月8日，爱因斯坦也是从公告中才获悉广岛核爆炸的消息的。

爱因斯坦与美国海军中尉科姆斯托克（Comstock）在一起，1943年

准备第一颗原子弹的爆炸，新墨西哥州，1945年

爆炸在长崎上空的原子弹"胖子"

第一颗爆炸的原子弹"小男孩"（广岛）

原子弹爆炸后，在广岛上空产生的蘑菇云

核威胁

  随着原子时代的来临，爱因斯坦认识到核武器是人类的巨大威胁，会毁灭一切文明。在他生命中的最后十年，他不懈努力，试图建立有效的国际合作来防止战争。1946年5月，他担任"原子科学家非常委员会"主席。委员会的职责是向公众解释原子武器的后果和风险。他建议成立一个世界政府来加强武器控制，组建一支国际维持和平部队。他认为，科学家负有特殊责任，要向公民宣传核战争的危险。他批评美国和苏联的互畏互疑的冷战政策，努力促成两国科学家之间的合作，但收效甚微。

  ……原来是作为预防性措施而引起的美国同苏联之间的军备竞赛，已显得带有歇斯底里的成分。双方都以急如星火的速度，在保密的堡垒后面完成大规模的破坏手段。而现在公众又被告知，制造氢弹是新的目标，并且大概将会完成。总统一本正经地宣布，要向这个目标加速发展。如果这种努力果然成功了，那么大气的放射性毒化,以及随之而来的地球上一切生命的灭绝,都将是在技术上可能达到的范围。这种发展的可怕,在于它显然是不可变易的特征。每一步都好像是前面所跨出一步的无可避免的后果。而在尽头,显现的再清楚也没有了,那就是普遍的灭绝……

1950年2月10日,爱因斯坦接受电视采访,反对研制氢弹和进行军备竞赛

1945年8月6日,第一颗原子弹在广岛上空爆炸。这是之后不久拍到的被摧毁的城市景象

反对麦卡锡主义

麦卡锡（Joseph McCarthy, 1908 — 1957）在 1947 — 1957 年冷战高潮期间是美国国会参议员。由于害怕共产主义颠覆西方的政权，麦卡锡参议员掀起了一股揭穿共产主义者颠覆活动的群众运动。1953—1955年，他主持非美活动调查委员会，负责处理共产主义间谍分化美国的威胁。从发现的几例间谍案出发，麦卡锡对任何他怀疑受到共产主义影响的人士进行疯狂的迫害和诽谤。2000 多万人接受忠诚审查。不管是谁，只要"左"倾或者积极投身于和平、国际和解或社会权利，就会成为他的目标。无数的科学家、作家、艺术家、工会人士被怀疑是苏联间谍，被逮捕，被开除公职。事实上，大多数人根本就和共产党毫无瓜葛。迫害和诽谤扰乱了美国的政治气氛并导致美国史无前例的对持有批判立场的人的迫害。

面对麦卡锡主义，本身就一直处于被监控状态的爱因斯坦，公开建议被指控者遵循甘地的"非暴力反抗"原则，拒绝与非美活动调查委员会合作。

非美活动调查委员会的主席麦卡锡与他的主要调查员，前美国联邦调查员卡尔在交谈，1950 年左右

胡 佛

胡佛（John Edgar Hoover，1895—1972）拥有法学学位，1917年进入美国司法部。一开始作为司法部长助理，1924年被任命为调查局局长，1935年调查局改名为联邦调查局（FBI）。最初，胡佛以与有组织的犯罪作斗争而成名。1936 年 FBI 被指派负责国内安全事务，因此更像一个反谍机构。"二战"之后，胡佛最终把它扩建成为主要用来反对左翼政治集团的政治工具，收集包括爱因斯坦在内的政治上活跃的学者的材料。有时先是监视，后是直接恐吓。在肯尼迪担任总统期间，胡佛的影响开始减弱。从他去世至今，他的方法和政治遗产都广受争议。

胡佛，1939 年

奥本海默

奥本海默（J. R. Oppenheimer,1904 — 1967）1927 年在玻恩指导下取得博士学位。自1929年起在加州大学伯克利分校和加州理工学院授课。1942年被任命为曼哈顿计划的科学负责人。之后，他是普林斯顿高等研究院院长，也是美国原子能委员会里有影响的人物。但是，1954年在一次公众政治观点听证会后，他失去了接触国家机密的特许，退出了公众生活。1954年1月，正当奥本海默受到美国政府起诉时，爱因斯坦在报纸上发表了支持他的声明。

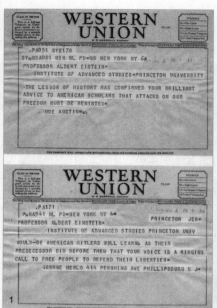

图1. 支持爱因斯坦反对麦卡锡主义的电报，1954年4月14日

图2. 奥本海默

图3. 奥本海默（左）与格罗夫斯（右）在原子弹爆炸后视察试验塔的废墟

特 勒

特勒（Edward Teller，1908—2003）出生于匈牙利，1930年在海森伯指导下取得博士学位，1935年移民美国，在乔治·华盛顿大学和哥伦比亚大学任教。"二战"期间，他领导了曼哈顿计划中的一个小组，之后致力于研发氢弹。被称之"氢弹之父"。与奥本海默对这种新武器持怀疑态度相反，由于其根深蒂固的反苏倾向，特勒是新武器的最坚定的支持者。特勒在奥本海默听证会上做了对奥本海默不利的证词，这是他一生也洗不掉的污点。学界对他的非议不少。相当一段时间内，他被学界孤立。提议奥本海默获费米奖并促成此事，或许是为了获得心理上的平衡。他是少数坚定支持里根政府星球计划的科学家。

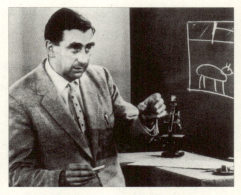

特勒，摄于20世纪60年代

奥本海默从约翰逊总统手中接过费米奖

作为一种和解的姿态，特勒在奥本海默获得费米奖后，趋步向前表示祝贺

罗素－爱因斯坦宣言

1955年7月9日，英国著名哲学家、数学家罗素（Bertrand Russell，1872—1970）在伦敦的记者招待会上发表了一份和平倡议书，要求削减原子武器，停止研究开发氢弹。11位声名显赫的科学家联合签署了这份裁军文件，其中有9位诺贝尔奖得主。这次活动得到爱因斯坦的大力支持。爱因斯坦在逝世前几天也在该文件上签了名。"罗素－爱因斯坦宣言"开创了科学家积极投身反战和裁军运动的先河。

图1. 罗素在《罗素-爱因斯坦宣言》的新闻发布会上，伦敦卡克斯顿厅（Caxton Hall），1955年7月9日
图2. 《罗素-爱因斯坦宣言》文本

the Russell-Einstein manifesto

In the tragic situation which confronts humanity, we feel that scientists should assemble in conference to appraise the perils that have arisen as a result of the development of weapons of mass destruction, and to discuss a resolution in the spirit of the appended draft.

We are speaking on this occasion, not as members of this or that nation, continent or creed, but as human beings, members of the species Man, whose continued existence is in doubt. The world is full of conflict; and, overshadowing all minor conflicts, the titanic struggle between Communism and anti-Communism.

Almost everybody who is politically conscious has strong feelings about one or more of these issues; but we want you, if you can, to set aside such feelings and consider yourselves only as members of a biological species which has had a remarkable history, and whose disappearance none of us can desire.

We shall try to say no single word which should appeal to one group rather than to another. All, equally, are in peril, and, if the peril is understood, there is hope that they may collectively avert it.

We have to learn to think in a new way. We have to learn to ask ourselves, not what steps can be taken to give military victory to whatever group we prefer, for there no longer are such steps; the question we have to ask ourselves is: what steps can be taken to prevent a military contest of which the issue must be disastrous to all parties?

The general public, and even many men in position of authority, have not realised what would be involved in a war with nuclear bombs. The general public still thinks in terms of the obliteration of cities. It is understood that the new bombs are more powerful than the old, and that, while one A-bomb could obliterate Hiroshima, one H-bomb could obliterate the largest cities, such as London, New York and Moscow.

No doubt in an H-bomb war great cities would be obliterated. But this is one of the minor disasters that would have to be faced. If everybody in London, New York and Moscow, were exterminated, the world might, in the course of a few centuries, recover from the blow. But we now know, especially since the Bikini test, that nuclear bombs can gradually spread destruction over a very much wider area than had been supposed.

It is stated on very good authority that a bomb can now be manufactured which will be 2,500 times as powerful as that which destroyed Hiroshima. Such a bomb, if exploded near the ground or under water, sends radioactive particles into the upper air. They sink gradually and reach the surface of the earth in the form of a deadly dust or rain. It was this dust which infected the Japanese fishermen and their catch of fish.

No one knows how widely such lethal radioactive particles might be diffused, but the best authorities are unanimous in saying that a war with H-bombs might quite possibly put an end to the human race. It is feared that if many H-bombs are used there will be universal death—sudden only for a minority, but for the majority a slow torture of disease and disintegration.

Many warnings have been uttered by eminent men of science and by authorities in military strategy. None of them will say that the worst results are certain. What they do say is that these results are possible, and no one can be sure that they will not be realised. We have not yet found that the views of experts on this question depend in any degree upon their politics or prejudices. They depend only, so far as our researches have revealed, upon the extent of the particular expert's knowledge. We have found that the men who know most are the most gloomy.

Here, then, is the problem which we present to you, stark and dreadful, and inescapable: Shall we put an end to the human race; or shall mankind renounce war? People will not face this alternative because it is so difficult to abolish war.

The abolition of war will demand distasteful limitations of national sovereignty. But what perhaps impedes understanding of the situation more than anything else is that the term "mankind" feels vague and abstract. People scarcely realise in imagination that the danger is to themselves and their children and their grandchildren, and not only to a dimly apprehended humanity. They can scarcely bring themselves to grasp that they, individually, and those whom they love are in imminent danger of perishing agonisingly. And so they hope that perhaps war may be allowed to continue provided modern weapons are prohibited.

This hope is illusory. Whatever agreements not to use H-bombs had been reached in time of peace, they would no longer be considered binding in time of war, and both sides would set to work to manufacture H-bombs as soon as war broke out, for, if one side manufactured the bombs and the other did not, the side that manufactured them would inevitably be victorious.

Although an agreement to renounce nuclear weapons as part of a general reduction of armaments would not afford an ultimate solution, it would serve certain important purposes. First: any agreement between East and West is to the good in so far as it tends to diminish tension. Second: the abolition of thermonuclear weapons, if each side believed that the other had carried it out sincerely, would lessen the fear of a sudden attack in the style of Pearl Harbour, which at present keeps both sides in a state of nervous apprehension. We should, therefore, welcome such an agreement, though only as a first step.

Most of us are not neutral in feeling, but, as human beings, we have to remember that, if the issues between East and West are to be decided in any manner that can give any possible satisfaction to anybody, whether Communist or anti-Communist, whether Asian or European or American, whether White or Black, then these issues must not be decided by war. We should wish this to be understood, both in the East and in the West.

There lies before us, if we choose, continual progress in happiness, knowledge and wisdom. Shall we, instead, choose death, because we cannot forget our quarrels? We appeal, as human beings, to human beings: Remember your humanity, and forget the rest. If you can do so, the way lies open to a new Paradise; if you cannot, there lies before you the risk of universal death.

9TH JULY 1955

Bertrand Russell
1872–1970

Albert Einstein
1875–1955

resolution

We invite this Congress, and through it the scientists of the world and the general public, to subscribe to the following resolution:

"In view of the fact that in any future world war nuclear weapons will certainly be employed, and that such weapons threaten the continued existence of mankind, we urge the Governments of the world to realise, and to acknowledge publicly, that their purposes cannot be furthered by a world war, and we urge them, consequently, to find peaceful means for the settlement of all matters of dispute between them".

Professor Max Born
Professor of Theoretical Physics at Göttingen; Nobel Prize in Physics

Professor P.W. Bridgman
Professor of Physics, Harvard University; Foreign Member of the Royal Society; Nobel Prize in Physics

Albert Einstein

Professor L. Infeld
Professor of Theoretical Physics, University of Warsaw; Member of the Polish Academy of Sciences

Professor J.F. Joliot-Curie
Professor of Physics at the College de France; Nobel Prize in Chemistry

Professor H.J. Muller
Professor of Zoology, University of Indiana; Nobel Prize in Physiology or Medicine

Professor L. Pauling
Professor of Chemistry, California Institute of Technology; Nobel Prize in Chemistry

Professor C.F. Powell
Professor of Physics, Bristol University; Nobel Prize in Physics

Professor J. Rotblat
Professor of Physics in the University of London, at St. Bartholomew's Hospital Medical College

Bertrand Russell

Professor Hideki Yukawa
Professor of Theoretical Physics, Kyoto University; Nobel Prize in Physics

Following the release of the Russell-Einstein Manifesto on 9 July 1955, efforts were begun to convene an international conference of scientists for a more in-depth exchange of views on ways to avert a nuclear catastrophe. With the support of Cyrus Eaton, the first Pugwash Conference was held at the Eaton summer home in Pugwash, Nova Scotia, from 7–10 July 1957. A total of 22 participants from 10 countries attended and issued conference reports on nuclear radiation hazards, control of nuclear weapons, and the social responsibilities of scientists. From this first meeting the Pugwash Conferences have evolved into an international organization with national groups in more than 50 countries, which by the summer of 2001 had organized 265 meetings, involving more than 3,500 individual scientists, academics, and policy specialists. In recognition of its efforts to eliminate the nuclear threat, Pugwash and its then President, Joseph Rotblat, were jointly awarded the 1995 Nobel Peace Prize.

Bertrand Russell and Joseph Rotblat

帕格沃什运动

1955年4月11日,爱因斯坦在《罗素—爱因斯坦宣言》上签了名。这份临终签名被视为"来自象征人类智力之巅的人的最后信息,恳求我们不要让我们的文明被人类的蠢行所毁灭"。这份宣言的发表引发了一场科学家参与国际政治事务,反对核武器和战争的和平运动——帕格沃什运动。从1957年7月至2004年12月,科学家们在世界各地连续举行了54次年会、303次专题研讨会和专家小组会,议题涉及核武器、生化武器、能源、环境、地区冲突、全球安全及太空安全等。

罗特布拉特爵士(Sir Joseph Rotblat, 1908—2005)是英国物理学家,出生于华沙,是帕格沃什运动的发起者之一。他曾参与曼哈顿计划。在了解到德国并没有制造原子弹后,成为唯一一位中途退出曼哈顿计划的科学家。回到英国后,他在《罗素-爱因斯坦宣言》的感召下,发起帕格沃什运动。1995年,他因在核裁军与和平方面所做的努力与帕格沃什科学与世界事务组织一起获诺贝尔和平奖。

罗特布拉特

论教育

……有时,人们把学校简单地看作是一种工具,靠它来把最大量的知识传授给成长中的一代。但这种看法是不正确的。知识是死的;而学校却要为活人服务。它应当发展青年人中那些有益于公共福利的品质和才能。……学校的目标应当是培养有独立行动和独立思考的个人,不过他们要把为社会服务看作是自己人生的最高目的……

……人们应当防止向青年人鼓吹那种以习俗意义上的成功作为人生的目标。因为一个获得成功的人,从他同胞那里所取得的,总是无可比拟地超过他对他们所做的贡献。然而看一个人的价值,应当看他贡献什么,而不应当看他取得什么……

……青年人在离开学校时,是作为一个和谐的人,而不是作为一个专家。照我的意见,在某种意义上,即使对技术学校来说,这也是正确的,尽管技术学校的学生将要从事的是一种完全确定的专门职业。发展独立思考和独立判断的一般能力,应当始终放在首位。如果一个人掌握了他的学科的基础理论,并且学会了独立地思考和工作,他必定会找到他自己的道路,而且比起那种以获得细节知识为培训内容的人来,他一定会更好地适应进步和变化……

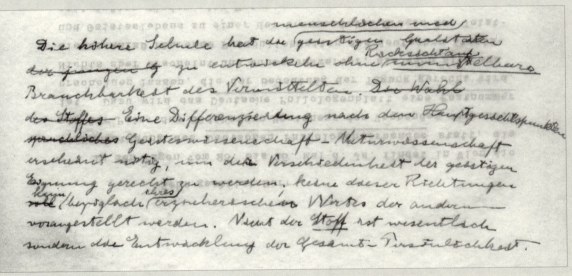

爱因斯坦应《纽约时报》编辑的请求而写的声明,1952年10月5日发表在该报上

爱因斯坦在匹茨堡被记者包围,1934 年 12 月 28 日

反对个人崇拜

　　在我看来，个人崇拜总是没有道理的。固然，大自然在她的儿女中间并不是平均分配她的赐物；但是，多谢上帝，得到优厚天赋的人是很多的，而我深信，他们多数过的是淡泊的、不引人注目的生活。要在这些人中间挑出几个，加以无止境的赞颂，认为他们的思想和品质具有超人的力量，我觉得这是不公正的，甚至是低级趣味的。这就是我所经历过的命运，把公众对我的能力和成就的估计同实际情况作个对照，简直怪诞得可笑。意识到这种离奇的情况，就会无法容忍，但有一点却也令人感到欣慰：在这个被大家斥责为物欲主义的时代，居然还把那些一生目标完全放在知识和道德领域中的人看作是英雄，这该是一个可喜的迹象。这证明，大多数人是把知识和正义看得比财产和权力更高。

——摘自爱因斯坦:《我对美国的一些印象》，1921年7月10日

论内在的自由

　　……科学的发展，以及一般的创造性精神活动的发展，还需要另一种自由，这可以称为内在的自由。这种精神上的自由在于思想上不受权威和社会偏见的束缚，也不受一般违背哲理的常规和习惯的束缚。这种内在的自由是大自然难得赋予的一种礼物，也是值得个人追求的一个目标。但社会也能做很多事来促进它实现，至少不应该去干涉它的发展。比如学校可以通过权威的影响和强加给青年过重的精神负担来干涉内在自由的发展；而另一方面，学校也可以由鼓励独立思考来支持这种自由。只有不断地、自觉地争取外在的自由和内在的自由，精神上的发展和完善才有可能。由此，人类的物质生活和精神生活才有可能得到改进。

——摘自《爱因斯坦晚年文集》

非教条的社会主义者

爱因斯坦自称是一个非教条的社会主义者。对他而言，社会主义的宗旨就是跨越人类发展中充满征服、镇压和剥削的掠夺阶段。资本主义经济往往使社会遭受具有毁灭性后果的严重经济衰退周期。他支持适度的计划经济，因为完全的"计划经济可能伴随着对人的完全奴役。"他赞成对过度的资本主义加以控制。他相信，人人平等的教育制度将促进必要的政治和社会价值观，从而形成公正的社会。

科学的困境

在危险时期，人们对于他们直接需要范围以外的东西，一般是看不到的。对于直接生产物质财富的工作，他们才愿意付出代价。但是科学，如果要繁荣，就不应当有实用的目的。作为一个普遍的规律，科学所创造的知识和方法只是间接地有助于实用的目的，而且在很多情况下，还要等到几代以后才见效。对科学的忽视，其结果会造成缺乏这样一类脑力劳动者，他们凭着自己的独立见解和判断，能给工业指出新的途径，或者能适应新的形势。凡是科学研究受到阻碍的地方，国家的文化生活就会枯竭，结果就会使未来发展的许多可能性受到摧残。

——摘自爱因斯坦：《我的世界观》

关心人本身

在战争时期，应用科学给了人们相互毒害和相互残杀的手段。在和平时期，科学使我们生活匆忙和不安定。它没有使我们从必须完成的单调劳动中得到多大程度的解放，反而使人成为机器的奴隶；人们绝大部分是一天到晚厌倦地工作着，他们在劳动中毫无乐趣，而且经常提心吊胆，唯恐失去他们一点点可怜的收入。

关心人的本身，应当始终成为一切技术上奋斗的主要目标；关心怎样组织人的劳动和产品分配这样一些尚未解决的重大问题,用以保证我们科学思想的成果会造福于人类,而不致成为祸害。在你们埋头于图表和方程时,千万不要忘记这一点!

保护公民自由

弗劳恩戈拉斯(William Frauenglass)是纽约的一位教师,受到美国众议院"非美活动委员会"的传讯。他写信给爱因斯坦,询问如何对待这件事。1953年5月16日,爱因斯坦给弗劳恩戈拉斯回信。他在信中表明了他的保护公民自由的观点。信后并加上附注:这封信没有必要当成是"机密"的。

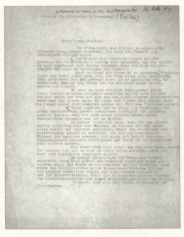

爱因斯坦在加州理工大学的讲话,1931年2月16日

我国知识分子所面临的问题是非常严重的。反动政客在公众眼前虚晃着一种外来的危险,借此来引起他们怀疑一切理智的努力。到目前为止,这伙人是得逞了,现在开始来禁止教学自由,对于一切不肯证明自己是顺从的人,就剥夺他们的职位,也就是说要饿死他们。

……一个受到委员会传讯的知识分子都应当拒绝作证,也就是说,他必须准备坐牢和准备经济破产,总之,他必须准备为他的祖国的文明幸福的利益而牺牲他的个人幸福。

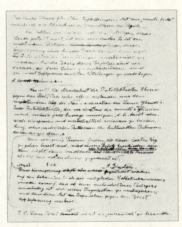

爱因斯坦给弗劳恩戈拉斯的回信草稿,1953年5月16日

……如果有足够多的人下决心采取这种严肃的步骤,他们就会得到胜利。否则,我国知识分子所应当得到的,决不会比那个为他们准备着的奴役好多少。

宁做管子工

1954年秋，美国《记者》杂志的主编询问爱因斯坦对美国科学和教育现状的看法。10月13日，爱因斯坦做了回答，说"……宁愿做一名管子工"。有趣的是美国管子工协会居然通过决议，授予爱因斯坦荣誉会员的称号。

你们问我，对于你们那些有关美国科学家处境的文章有什么意见。我不想去分析这个问题，而只想用一句简短的话来表达我的心情：如果我能再次成为青年人，并且要决定怎样去谋生，那么我决不想做什么科学家、学者或教师。为了希望求得在目前环境下还可得到的那一点独立性，我宁愿做一名管子工，或者做一个沿街叫卖的小贩。

美国《记者》杂志上登载的对爱因斯坦的采访，1954年秋

斯坦利管子工公司的默里先生在报上看到爱因斯坦的回答后，写信给爱因斯坦，表示愿意把自己公司的名字改为"爱因斯坦—斯坦利公司"

寻求自然界的统一

经典物理学构建在两个概念之上：粒子和场。自19世纪起，物理学家们便尝试克服这种二元论。当时的思路是用电磁场论来描述粒子的各种性质。早在1905年，爱因斯坦就希望能够通过修改麦克斯韦的电动力学来解释神秘的量子效应。20世纪20年代，爱因斯坦改变了策略：这次他尝试把广义相对论和电动力学结合起来，以期能同时解释粒子和量子效应。他也希望能以此来克服那些令他非常不满意的量子力学的缺陷。这个最终未能成功的对统一场理论的追寻成为他科学生涯的主旋律。他在他的最后30年中检验了许多新的有可能统一引力和电磁的数学模型，但都没有成功。

有人认为他这些年的时光是虚度了，他还不如去钓鱼。但实际情形远非如此。爱因斯坦的思想实际上比他同时代的人超前好几十年。目前，物理学家们试图提出一个万物理论（Theory of Everything），用一套公式涵盖物理学的一切已知的力和场。这一探索是爱因斯坦留给科学的最重要的遗产。

爱因斯坦对现代物理学的贡献无人匹敌。但是爱因斯坦对自己的成就有着非常清醒的认识。在他看来，他也是站在巨人的肩膀上的。没有科学先驱们的努力，就没有他的理论。他还清楚地认识到，正如他的理论超过了牛顿的理论一样，迟早会有人超过他。

爱因斯坦在普林斯顿的办公室，1938年

最后的讲稿

爱因斯坦最后的讲稿，1955年

今天我不是以一个美国公民，也不是以一个犹太人的身份来向你们讲话，而是以一个企图以最严肃的态度来客观地考察事物的人来向你们讲话。我所追求的东西非常简单，我要以我微弱的力量，冒着不讨任何人喜欢的危险，服务于真理和正义。……没有哪个当权的政治家敢走超国家安全这样一条唯一有希望的道路，因为这意味着他的政治生命的结束。众人的政治激情一旦被到处煽动起来，就一定会有人成为牺牲品……

最后的计算

统一场论在他生前没有取得显著的成果,但他对自己长年的努力没有任何遗憾,并坚信这一理论会在未来取得大的发展。在他逝世30年以后,统一场论变成了理论物理学的热点。

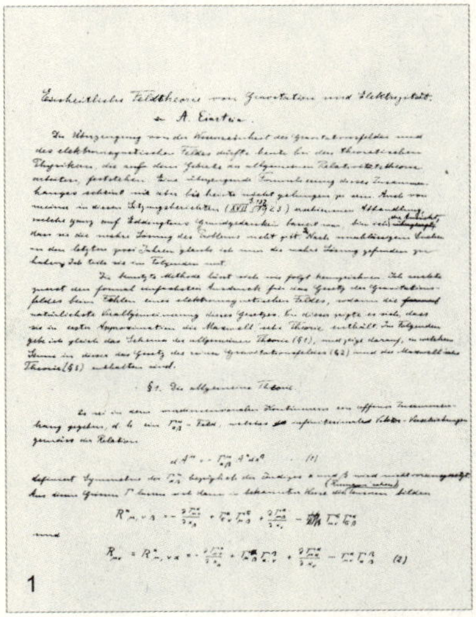

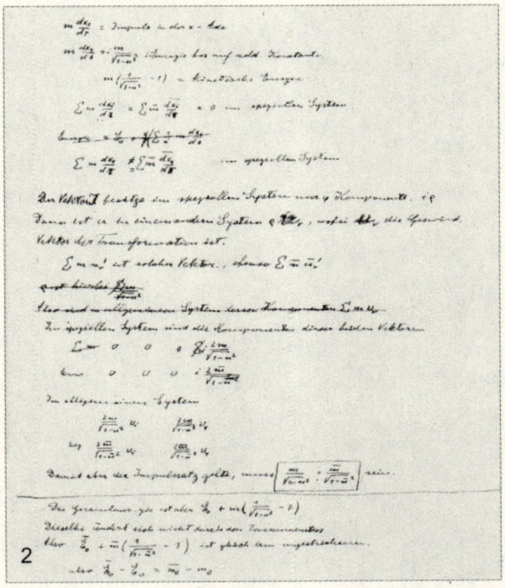

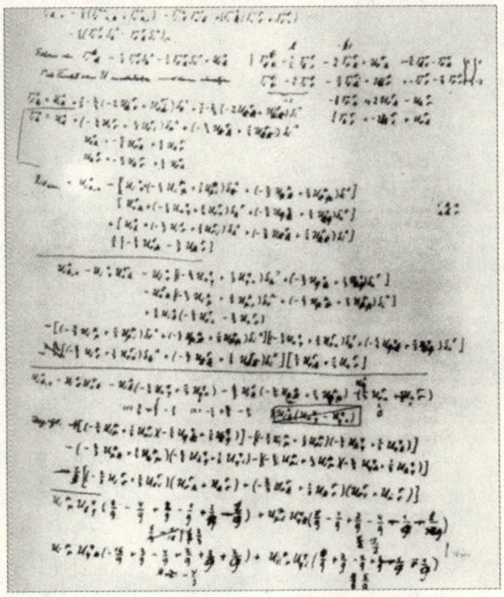

图1. 爱因斯坦的《引力与电力的统一场论》草稿,1925年

图2. 爱因斯坦关于统一场理论的几百张计算草稿中的一张,20世纪50年代

图3. 最后一张计算纸,爱因斯坦还沉浸于他的统一场论

爱因斯坦的最后一张照片，1955 年 3 月

亲爱的后辈们!

1936年5月4日,爱因斯坦写给后世一封信。他的话是写在一张可以保存几千年的羊皮纸上的,与其他东西一起放在一个密封的金属盒中,埋在舒斯特图书馆侧翼的奠基石下。

```
Schuster

                                    Princeton, 4.5.1936

Liebe Nachwelt!

    Wenn ihr nicht gerechter, friedlicher und überhaupt
vernünftiger sein werdet, als wir sind, bezw. gewesen sind, so
soll euch der Teufel holen.
    Diesen frommen Wunsch mit aller Hochachtung geäussert
habend bin ich euer (ehemaliger)

        gez.    Albert Einstein
```

爱因斯坦写给后世的一封信,1936年5月4日

亲爱的后辈们!
　　如果你们的所作所为不能比我们现在和以前的行为更加公平、平和,尤其是更加理性的话,那你们就要等魔鬼来带你们走了。

阿尔伯特·爱因斯坦

公众人物

1999 年 12 月 31 日，爱因斯坦被美国《时代》杂志评选为"世纪之人"（Person of the Century）。这不只是针对他的科学成就而言，更多的是就其对整个人类社会的影响而言。

童年的爱因斯坦性格孤僻，爱幻想，但青年时期已充满自信。他与前妻米列娃感情深厚，相爱甚笃。他对第二位妻子爱尔莎的感情虽从未有如此之深，却享受了她带来的稳定的资产阶级生活。婚后，他曾有过一些婚外情。爱因斯坦在他的一生中都不是一个循规蹈矩的人，拒绝接受各种未经思考的社会准则。他尤其嘲讽一切形式的浮华和排场。另外，他非常幽默风趣，特别喜欢犹太笑话。

作为一个公众人物，他的一言一行都受到关注。他也懂得如何利用媒体来宣传自己的政治理想。

这部分试图将他的生活的其他方面，如，社会交往、业余生活等方面呈现出来，以求展示一个真实的爱因斯坦。

第十二部分

媒体明星

20世纪20年代,当出版和广播扩展到广大的民众时,"大众媒体"这个词就产生了。报纸的数量急剧增长。到魏玛共和国后期,德国有4 000种日报或周报,总发行量达2 500万份。德国国内公开的政治斗争反映在活跃的媒体上,许多报纸有党派性或者在财政上有依附性。少数大出版公司控制了舆论。自由派报纸如《福斯报》和《柏林日报》并没有到达大众手里。正是因为大众媒体的影响,爱因斯坦的相对论在1919年得到证实后,他就成了明星。短时间内出现了大量报道,包括从爱因斯坦理论的普及介绍到关于"相对论法则的华尔兹"这样的讽刺文章。1930年他为柏林收音机和留声机展揭幕。他坚信收音机将会成为社会进步的工具。这一信念被后来的纳粹统治粗暴地践踏了。

在爱因斯坦50大寿之际,柏林的《工人画报》撰文高度评价了爱因斯坦的科学成就和政治活动。爱因斯坦是"苦难深重的、受压迫、受迫害者的真挚朋友",他总是不遗余力为促进民族间的和平而努力。除反对德国在"一战"中的军国主义之外,文章强调了爱因斯坦代表"援助红色饥饿"组织所做的努力:"正如我们所知,1919年协约国意图通

柏林《工人画报》,1929年第12期

爱因斯坦在收音机和留声机展上做演讲,柏林,1930年

过饥饿封锁扼杀苏联。我们不要忘记，德国、法国和英国的和平主义机构积极地抗议封锁活动，这在很大程度上归功于爱因斯坦的倡议。"

爱因斯坦成了一个媒体明星。他有意识利用其声望支持政治事务，也用来传播科学知识。他在大学以外的教育机构，如成人教育中心和天文台，做通俗易懂的讲演。他在20世纪20年代做了大量的旅行。不仅保持科学上的联系，还承担了政治使命。对德国外交部来讲，他是"最高级别的文化代理人"，有望能帮助恢复国际关系。在柏林，他与科学界、文化界、政治界和经济界的精英保持联系。他致力于捍卫人权、和平主义、犹太复国主义和促进德苏关系的事业。

他在卡普特的夏季别墅是他摆脱柏林嘈杂生活的世外桃源。爱因斯坦的帆船"海豚"就停泊在这里。

爱因斯坦与泰戈尔在一起，柏林，1930年

爱因斯坦与他的《自传》的译者希尔普（Paul Schillp）在一起。正是希尔普说服爱因斯坦在67岁时写了那篇流芳千古的《自传》

音 乐

> 音乐对于研究工作没有影响，但是，它们两者都是由同一种渴望追求所滋养的，并且它们为人们所带来的安慰也是相互补充的。
> ——爱因斯坦1928年10月23日给保罗·普劳特的信

爱因斯坦从5岁起学小提琴，一直到13岁。小提琴成为他最喜欢的乐器。他还自己学会了弹钢琴，特别喜欢即兴演奏。音乐成了他生活的一个不可分割的部分。当他开始对某个科学问题进行思考时，他常常将音乐作为一种手段。音乐能将他从紧张的理论工作和公共事务中解脱出来。

莫扎特是他最为欣赏的作曲家，他也喜欢巴赫、威尔第、舒伯特和贝多芬早期的作品，但不喜欢瓦格纳。

柏林犹太人协会举办的音乐会的节目单，爱因斯坦作为小提琴手

爱因斯坦在去美国的途中演奏，1931年1月

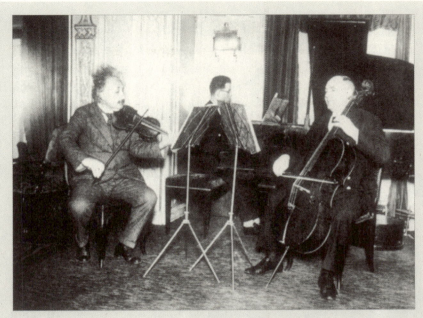

爱因斯坦在"德国"号上演奏，1932年

爱因斯坦在他的柏林家中与人合奏，20世纪20年代后期

现在我自然必须让我的小提琴躺着不动。她会感到非常惊奇，竟然决不把她从黑匣子里取出来，或许她以为，她已经有了个继父吧。我多么怀念她这个老朋友啊，借助她，我向自己说出、唱出一切我常常在贫瘠乏味的思想中怎么也不会向自己供认的东西，但是，我若在别人那里见到了它，最多也不过引我对它发笑。

——爱因斯坦在做物理实验时右手受重伤，两周后写给与他共同演奏音乐的朋友尼格丽（Julia Niggli）小姐的信，1899年7月28日

爱因斯坦在日本奈良弹钢琴，1922年10月17日

爱因斯坦在普林斯顿家中组织四重奏

泛 舟

　　泛舟让爱因斯坦从繁重的思考中解脱出来。他并不在意速度或竞赛。风停时,船静时或搁浅时,他最为高兴。

　　在爱因斯坦 50 大寿时,朋友送给他"海豚"——一艘 7 米长、2.35 米宽的由船舶工程师哈尔姆设计的帆船。"海豚"停靠在滕普林纳湖边,距离爱因斯坦在波茨坦附近的卡普特夏季别墅只有几分钟的路程。他很喜欢邀请朋友来卡普特,和他们一起去湖中游玩。

与爱因斯坦一起扬帆既是个人享受,也是社会事件,为此一些日报还作了专门报道。1933 年盖世太保没收了"海豚"并将其出售。20 世纪 30 年代末它就不见了踪影。爱因斯坦在战后试图找回他的"胖帆船",但只是徒劳。

在美国时,他常驾驶他的"蒂内夫"(意第绪语"便宜货"的意思)在新泽西、纽约和罗得岛度过夏天的假期。

爱因斯坦不会游泳,但他固执地拒绝穿救生衣或在船上安装应急马达。

卡普特别墅外景(方在庆 摄)

爱因斯坦、爱尔莎和他们心爱的帆船"海豚"

爱因斯坦划船前在岸上休息　　爱因斯坦在罗德岛，1934年　　爱因斯坦光着膀子划船

爱因斯坦买的书：《如何驾船》　　爱因斯坦在划船，约1930年

爱因斯坦与卡岑艾伦博根(Estella Katzenellenbogen)

爱因斯坦与莱巴赫(Margarete Lebach)

身边的女性

爱因斯坦结过两次婚,也常陷入爱河。有女人相伴,他感到非常自在。女人们也发现他非常有吸引力。他爱过的女人包括物理学家、间谍、图书馆员、演员,甚至可能包括一个舞女。

在婚姻生活方面,爱因斯坦有值得检讨之处。他不能抵抗有魅力的女性的诱惑。在他第二次结婚后不久,就与他的秘书贝蒂·诺伊曼(Betty Neumann)陷入爱河,不久一位居住在柏林的富有的奥地利寡妇莱巴赫又追求他。爱尔莎当然非常难受,但又不得不让步。

贝格纳（Elisabeth Bergner）　　迪里厄（Tilla Durieux）　　爱因斯坦与科伦科娃（Margarita Konenkowa）

除了前面提到的几个女性，他的初恋对象玛丽·温特勒（Marie Winteler）、他的继女伊尔莎（Ilse Einstein）外，曾与他交往过密的女性还有：贝格纳（他在柏林最喜爱的演员，有时他们也约会）、迪里厄（爱因斯坦朋友圈中另一位演员）、卡岑艾伦博根（他在柏林时期的另一密友、一个花店老板）、科伦科娃（一个俄国间谍，打听爱因斯坦在普林斯顿的所有消息）以及范托娃（普林斯顿的图书馆员，很可能是爱因斯坦的最后一位女友）等。

爱因斯坦与范托娃（Hanne Fantova）

秘书杜卡斯

海伦·杜卡斯（Helene Dukas，1896—1982），1928年起担任爱因斯坦的秘书，直到爱因斯坦去世。我们现在能看到这么多爱因斯坦的珍贵资料，应该感谢她有条不紊的工作风格。爱因斯坦去世后她继续承担整理和保存爱因斯坦资料的工作。她极力维护一个她认可的圣者爱因斯坦的形象。

爱因斯坦与秘书杜卡斯在书房，1940年10月2日

爱因斯坦与继女、秘书，大约1947年

爱因斯坦与秘书在普林斯顿，20世纪50年代早期　　爱因斯坦与秘书在普林斯顿，1954年3月14日

与印第安人

爱因斯坦、爱尔莎与印第安人在一起，1931年2月28日

爱因斯坦作为印第安霍皮部落的"显亲"，穿上首领的服装，1931年

收到的信

爱因斯坦是如此著名，以至于在信封上只要有他的名字就足以保证信件到达目的地。他的邮件经常包含地址之外的不寻常的附加信息。人们写信给"人类的仆人"、"相对论教授爱因斯坦"、"宇宙工程师爱因斯坦博士"。对一些人来说，爱因斯坦是先知，他们期待他回答出所有影响人类的问题和影响他们个人生活的命运问题。许多人对他充满了钦佩之情。他也收到过愤慨的信，如有张明信片要求他"立刻停止说空间是弯曲的！"

美国鞋业俱乐部写给爱因斯坦的信，请求他寄双鞋给他们做纪念

也有向他求婚的信。有提出一些古怪的请求，荒诞的科学理论的信，当然也少不了恐吓信，这通常是反犹分子和极右翼分子寄来的。

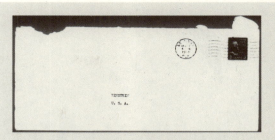

他每天花大量时间处理这些来信。他口述，秘书记录来答复这些来信。另外，对于求助信，推荐的请求，他也是有求必应，以致他的推荐信作用不大。

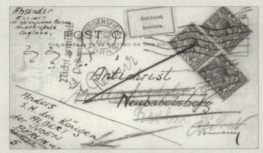

爱因斯坦很喜欢小孩。他收到过许多小朋友的信。他字斟句酌的回信表明他希望鼓励孩子们天生的好奇心。体现了他对他们极大的关爱。

日本大阪儿童送给爱因斯坦的画

爱因斯坦收到的信的信封

```
                                March 26,1955

To the 5th Grade
Farmingdale Elementary School
Farmingdale N.Y.

Dear Children,
         I thank you all for the birthday gift
you kindly sent me and for your letter of congratulation.
Your gift will be an appropriate suggestion to be a little
more elegant in the future than hitherto. Because neckties
and cuffs exist for me only as remote memories.
         With kind wishes and regards,
                 yours sincerely,
                         A. Einstein
                         Albert Einstein.
```

图1. 在爱因斯坦50岁生日的时候，柏林一所犹太小学的学生送给他许多彩色的画表示祝愿，这是其中之一
图2. 爱因斯坦收到生日礼物后写给儿童的感谢信
图3. 爱因斯坦在70岁生日的时候与儿童们在一起
图4. 儿童拜访爱因斯坦

亲爱的爱因斯坦先生，

我是一个六岁的小女孩，我在报纸上看到了你的照片。我想你应该去理一下发，那样你的样子会好看一些。

你忠实的，安·G.科辛

儿童写给爱因斯坦的信

望子成龙

与流行的看法相反，爱因斯坦恰恰是一个尽职的父亲。当妻儿离开柏林返回苏黎世时，他在火车站哭了。从他写给两个儿子的每封信，无论是严厉的，还是温情的，都可以看到一个"舐犊情深"和"望子成龙"的爱因斯坦。

比如："阿杜（大儿子汉斯·阿尔伯特的昵称）：自从你到柏林后，你变得相当懒"；有时是谆谆教导："你的信中还有不少拼写错误，你必须加以注意，字拼写错后，让人觉得很滑稽"；有时是人生感悟："一个正直的人不是通过欢乐和愉悦，而是通过苦难和不公正来让自己成熟起来。你父亲的道路也并不总是像现在这样布满玫瑰，而是充满了刺。""很遗憾地得知，你不上钢琴课了。这是怎么回事，你难道从中得不到什么乐趣吗？"有时也体现了爱因斯坦的教育理念："野心不要太大，不要想着比其他人都强，只要不留级就行，因为这样太无聊，并且浪费时间。"更多的是对儿子的关切之情："我真想亲眼看看泰德［小儿子爱德华的昵称］头一天上学的样子，写信告诉我一些这方面的情况。"等等，不一而足。

爱德华与汉斯·阿尔伯特合影，1917 年 7 月

爱因斯坦与他的两个儿子，汉斯·阿尔伯特、爱德华在一起，约 1920 年

爱因斯坦与两个儿子，20 世纪 20 年代中期

父子恩怨

米列娃与两个儿子，1914 年

由于米列娃对与爱因斯坦分居和随后的离婚一直不情愿，这种情绪给爱因斯坦同两个孩子的关系投下了阴影。1926年汉斯·阿尔伯特也从苏黎世联邦工学院毕业，之后在多特蒙德（Dortmund）当钢铁结构设计师。1938年移居美国，1947—1971年任加州大学伯克利分校的水利学教授。

爱因斯坦与米列娃离婚后，汉斯·阿尔伯特与他的关系变得紧张。此后多年，爱因斯坦强烈反对汉斯·阿尔伯特与一位比他年长近十岁的女子克内希特（Fredo Knecht）结婚。他与儿子之间就婚事问题上演了他父母与他之间的同样故事。

爱因斯坦、妹妹玛雅与孙子伯恩哈特

爱因斯坦、长子汉斯·阿尔伯特与孙子伯恩哈特，约1930年

爱因斯坦的传记作者塞利希（Carl Seelig）看望爱德华

爱德华与女友施特莱姆、妈妈米列娃

1932年12月27日，爱因斯坦给他的次子爱德华写信：

亲爱的泰迪：读着你的来信，让我想起了我年轻的时候。一个人胡思乱想时，往往设想跟全世界作对。你给了我无穷的乐趣，因为你不是糊里糊涂地过日子，而是在看，在思考。

爱德华是一个十分敏感、非常有才华的青年，爱因斯坦非常喜欢他。他有父亲的音乐天赋，也有母亲的忧郁气质。后来发现他患有精神病。1965年死在苏黎世的布格霍尔茨里精神病院。在他生前，他与一位比他大很多岁的女士施特莱姆（Anka Streim）生活过一段时间。

由于爱因斯坦的两位妻子都比他大，因而有人开玩笑地认为，爱因斯坦家族的男人都喜欢比自己大的女士。

Part 12
公众人物 | 263

社会交往

爱因斯坦成名之后,有着广泛的社会交往。有些人慕名拜访他,少数人与爱因斯坦相互仰慕,绝大多数情况下纯粹是应酬。爱因斯坦虽然有时也会享受其中的乐趣,但是这对他来讲显得有些奢侈。

爱因斯坦与泰戈尔早在"一战"之后不久就在柏林见过面,20世纪30年代初泰戈尔又专门到柏林拜访爱因斯坦,后来在美国纽约还有过一次短暂的见面。

爱因斯坦与泰戈尔,1930年

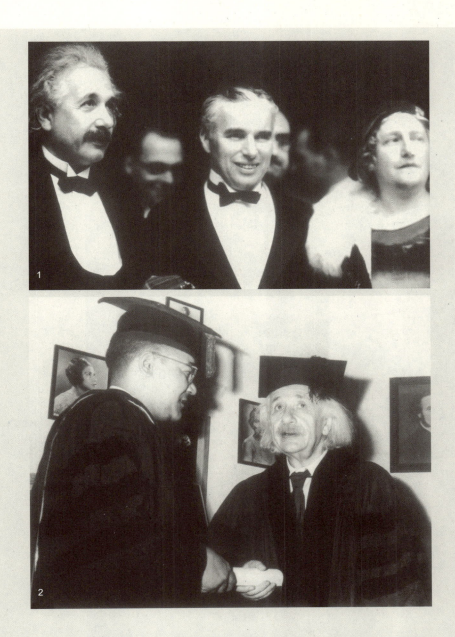

图 1. 爱因斯坦夫妇与艺术家卓别林在电影《城市之光》首映式上,1931 年 1 月 30 日
图 2. 爱因斯坦从林肯大学校长手中接过荣誉博士证书

1938年英国雕塑家爱泼斯坦（Sir Jacob Epstein）与他雕刻的爱因斯坦像

画家、雕塑家普兰古伊安（Gina Plunguian）与爱因斯坦在一起，1947年她曾当过爱因斯坦的秘书

爱因斯坦与丘吉尔，1933年

爱因斯坦在纽约纪念哥白尼诞辰四百周年会上。当时法国被占领，爱因斯坦象征性地佩戴着法国索邦大学的授带，1943年

爱因斯坦与普林斯顿的同事拉登堡，1950年

爱因斯坦72岁生日时与普林斯顿高等研究院前院长夫妇在一起,1951年3月14日

爱因斯坦与哥德尔

爱因斯坦与美国物理学家们在一起,1931年

漫画

在被妖魔化的同时，他又被推为圣徒。他在为人类受苦受难。他的那双深沉的眼睛似乎装满了人类的愁苦。在满头飘逸的白发下面，承载着对整个人类的悲悯，他不穿袜子的习惯，不修边幅的举止，使他富有仁爱之心的圣贤形象更加丰满。他为争取核裁军和公民自由，不畏强权和高压而大声疾呼，使他成为战后一代人的道德权威。

所有这些形象给漫画家提供了丰富的素材。

爱因斯坦曾在这里住过。爱因斯坦成为人类智慧的标志

宇宙天才在工作。格兰特(Lou Grant)绘

科学的偶像

简化的爱因斯坦，哈里斯（Sidney Harris）1997年绘

释放原子能的
爱因斯坦

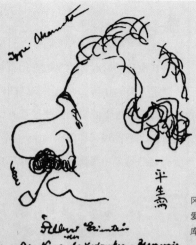

冈本一平的漫画：
爱因斯坦作为思想
库的大鼻子

20世纪30年代早期，爱因斯坦在美国并不是受到每个人的欢迎。这张漫画表现的就是美国一个爱国主义的妇女团体组织——"美国革命之女"反对爱因斯坦到美国旅行。"您从哪儿来就回哪儿去吧，我们这儿失业的占星术士已经够多的了。"

美国妇女团体拒绝爱因斯坦入境

爱因斯坦的和平主义是有条件的。当世界受到了由纳粹发起的战争威胁时，他鼓励人们去反抗。许多无条件的和平主义者不愿意走他的这条路。

握剑的爱因斯坦

神 话

广义相对论在1919年得到证实，举世震惊。《柏林画报》称爱因斯坦是"世界历史上的新伟人"。这位相对论的创造者有什么地方吸引众人呢？"一战"后是一段经济、政治和意识形态不稳定的时期，相对论被神秘化了，"一切都是相对的"成为了时代的口号。爱因斯坦作为传奇人物出现在照片和绘画中。他的头像成为大众文化符号的一部分。他被刻画成头发凌乱、不穿袜子、不拘小节的天才，破解宇宙最终秘密的人。

近20年来，记者们和传记作家们的兴趣又开始转向爱因斯坦的私人生活，并制造了新的神话般的传闻，例如这位大男子主义的社交厌恶症患者唯一的寄托就是科学。这个版本的爱因斯坦传奇同时也掩盖了另外一个事实：他楷模般的道德和科学上的广阔视野对于当今社会仍是一种挑战。

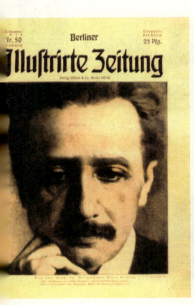

1919年12月14日，爱因斯坦的像第一次出现在《柏林画报》的封面上

爱因斯坦的像后来多次出现在《柏林画报》封面上

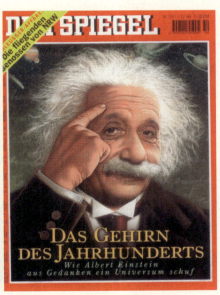

1999年12月13日的德国《明镜》周刊封面："世纪之脑"

符号化

在这个所谓的后现代时代,爱因斯坦尽管还是媒体的宠儿,但已渐渐远离政治。他与NBA、米老鼠齐名,成为一种文化偶像。邮票是符号化的一种重要标识。

作为现代科学化身的爱因斯坦,曾多次出现在各国的纪念邮票上。早在1956年1月3日,以色列就发行了一枚纪念邮票。之后,陆续有国家发行纪念爱因斯坦的邮票。1961年,为纪念文化名人,联邦德国计划发行一张爱因斯坦邮票,样张都印好了,但却遭到爱因斯坦家属的反对,只好作罢。1979年是爱因斯坦的百年诞辰。这一年应该是世界上发行纪念爱因斯坦邮票最多的一年。2000年,作为"世纪之人"的爱因斯坦又多次出现在世界各国的纪念邮票上。2001年诺贝尔奖百年纪念,爱因斯坦头像更是高居相关纪念邮票的榜首。2004年爱因斯坦诞生125年,2005年爱因斯坦奇迹年,又有大批纪念邮票、纪念币问世。

据不完全统计,目前有关爱因斯坦的邮票多达300多枚。大部分纪念邮票用的都是爱因斯坦晚年时的头像。

尼加拉瓜共和国发行的一组八枚小型张,是众多绚丽多彩的爱因斯坦纪念邮票之一

2001年3月22日发行的诺贝尔奖百年纪念首日封

图1. 蒙古共和国2000年发行的一组九枚套票。这组邮票精选了不同时期的爱因斯坦的几副照片，非常清楚地介绍了爱因斯坦的一生
图2. 1961年联邦德国未能发行的邮票
图3. 世界上发行最早的爱因斯坦纪念邮票（以色列，1956年）
图4. 含有 $E=mc^2$ 的邮票（加拿大，1962年）

以色列银行发行的带有爱因斯坦头像的五元纸币

中国,1979 年

瑞典,1981 年

加纳,1964 年

意大利

瑞士,1972 年

阿根廷,1971 年

越南,1978 年

印度,1978 年

乌拉圭,1996 年

部分国家发行的爱因斯坦纪念邮票

爱因斯坦年表

1879 年	3 月 14 日,出生于德国乌尔姆。
1880 年	6 月 21 日,举家迁往慕尼黑。
1884 年	经历第一次惊奇:被罗盘迷住。接受家庭教师的启蒙教育。
1885 年	开始学习小提琴。
	秋,进入慕尼黑的一所公立学校学习。
1889 年	第一次见到塔耳梅,被引导阅读了一些通俗科学著作。
1891 年	经历第二次惊奇:阅读了"神圣的几何书"。

1891—1895 年	通过自学熟悉了包括微积分在内的高等数学基础。
1895 年	寄给舅舅科赫一篇题为《关于磁场的以太状态研究》的论文。
1895 年	春,中学未毕业就回到刚搬到米兰的家中。秋,未被苏黎世联邦工学院录取。
	10 月 28 日—1896 年早秋,进入瑞士阿劳州立中学补习。
1896 年	1月28日,脱离德国国籍。此后五年没有国籍。秋,进入苏黎世联邦工学院学习。

1900 年	7 月 28 日,从苏黎世联邦工学院毕业。12 月 13 日,向《物理学纪事》投出第一篇论文。
1901 年	2 月 21 日,成为瑞士公民。
1902 年	来到伯尔尼。靠家庭资助和做数学、物理家教的报酬过活。6月16日,成为伯尔尼专利局临时三级技术专家。
1903 年	1月6日,与米列娃结婚。与哈比希特和索罗文建立"奥林匹亚科学院"。
1904 年	5 月 14 日,长子汉斯出生。9 月 16 日,转为专利局正式职员。

1905 年　3 月 17 日，完成光量子假说的论文。

4 月 30 日，完成博士论文：《论分子大小的新测定法》。

5 月 11 日，关于布朗运动的论文被《物理学纪事》收到。

7 月 30 日，第一篇狭义相对论的论文被《物理学纪事》收到。

9月27日，第二篇狭义相对论的论文被《物理学纪事》收到。文中提出关系式 $E=mc^2$。

12 月 19 日，第二篇关于布朗运动的论文被《物理学纪事》收到。

1906 年　升为伯尔尼专利局二级技术专家。11 月，完成关于固体比热的论文，这是第一篇固体量子理论的论文。

1907 年　"我一生中最快乐的思想"：发现匀加速力学系统的等效原理。

1908 年　2 月 28 日，获伯尔尼大学无薪讲师职位。

1909 年　7 月 8 日，在日内瓦大学获第一个荣誉博士学位。

10 月 15 日，成为苏黎世大学副教授。

1910 年　7 月 28 日，次子爱德华出生。

1911 年　从 4 月 1 日起，任布拉格德语大学正教授。

7 月，认识到光线弯曲可以在日全食时从实验上检测到。

10月30日—11月3日，参加第一届索耳末会议，做最后发言：《比热问题的现状》。

1912 年　2 月初，被任命为苏黎世联邦工学院教授。

8 月，返回苏黎世。

1912—1913 年　与格罗斯曼（当时为苏黎世联邦工学院数学教授）合作研究广义相对论的基础。

1913 年　12 月 7 日，接受普鲁士科学院的一个研究职务。

1914 年　4 月 6 日，携妻小移居柏林。不久，夫妇分居，米列娃与儿子回到苏黎世。

1915 年　在《告欧洲同胞书》上签字。

11 月 18 日，得到第一个结果：水星近日点进动值为每世纪 43"。

11 月 25 日，广义相对论的逻辑结构完成。

1916 年 3 月 20 日,《广义相对论的基础》被《物理学纪事》接受。

5 月 5 日,继普朗克之后任德国物理学会主席。

12 月,完成《狭义和广义相对论浅说》,这是他流传最广的一本书。

1917 年 2 月,写第一篇关于宇宙学的论文,引入宇宙学项。

不断受到肝病、胃疼、黄疸病的折磨,身体非常虚弱。

1919 年 2 月 14 日,与米列娃离婚。

5 月 29 日,日全食为测量光线弯曲提供机会。

6 月 2 日,与寡居的表姐爱尔莎(生于 1876 年)结婚。

11月6日,英国皇家学会和皇家天文学会在伦敦联合举行会议,宣布 5 月的日食观测证实了爱因斯坦的预言。

11月10日,《纽约时报》头版新闻标题:《光线在天空中弯曲/爱因斯坦理论成功》,爱因斯坦成为世界性人物。

1920 年 8月24日,柏林举行反相对论群众集会,爱因斯坦与劳厄旁听了这次会议。

1921 年 4 月 2 日—5 月 30 日,为耶路撒冷的希伯来大学募捐而陪魏兹曼第一次访问美国。

1922 年 1 月,完成第一篇统一场论的论文。应邀成为国际联盟学术合作委员会(CIC)的成员。

10月8日,与爱尔莎启程前往日本。途中顺访了科伦坡、新加坡、香港和上海。

11 月 9 日,获悉被授予 1921 年度诺贝尔物理学奖。

1924 年 加入柏林的犹太人组织,成为缴纳会费的成员。

1925 年 (与甘地以及其他人)签署反对义务兵役的宣言。任希伯来大学董事会成员(直到 1928 年 6 月)。

1927 年 10 月,参加第五届索耳未会议。与玻尔就量子力学基础展开对话。

1929 年 第一次拜访比利时王室,与伊丽莎白女王建立友谊。6月28日,获普朗克奖章。

1930 年 5 月，在国际妇女和平与自由联盟关于世界裁军的宣言上签字。
1931 年 4 月，抛弃了未经证明的多余的宇宙学项。
1932 年 10 月，受聘为普林斯顿高等研究院教授。
12 月 10 日，与妻子离德赴美，从此终生未返。
1933 年 3月28日，返欧途中向普鲁士科学院递交辞呈。与弗洛伊德的往来书信以《为什么战争？》为名出版。

1939 年 8 月 2 日，签署致罗斯福总统的信，提请注意原子能的军事用途。
1940 年 10 月 1 日，成为美国公民，同时保留瑞士国籍。
1944 年 狭义相对论论文手稿复本以600万美元拍卖，作为对美国反法西斯战争的支持。
1945 年 12 月 10 日，在纽约发表演讲：《战争赢了，但和平却没有》。
1946 年 同意担任原子科学家非常委员会主席。10月，致联合国大会公开信，号召建立世界政府。
1948 年 12 月，作剖腹手术，发现腹部有动脉瘤。

1949 年 撰写科学生涯回顾，题为《自述》。
1952 年 11 月，婉谢出任以色列总统的邀请。
1954 年 4 月 14 日，在报上发表支持奥本海默的声明。在普林斯顿与玻尔最后一次见面。
1955 年 4 月 11 日，签署《罗素－爱因斯坦宣言》，反对核武器。
4 月 18 日，凌晨去世。遗体当日火化，骨灰撒在秘密地点。

参考文献

Renn, Jürgen(ed.): *Albert Einstein: One hundred Authors for Einstein*, Wiley-VCH, 2005

Renn, Jürgen(Hrsg.): *Albert Einstein: Einsteins Leben und Werk im Kontext*, Wiley-VCH, 2005

Renn, Jürgen (Hrsg./Ed.): *Albert Einstein: Dokumente eines Lebenswegs/ Documents of a Life's Pathway*, Wiley-VCH, 2005

Rosenkranz, Ze'ev: *Albert Einstein: Privat und ganz persönlich*, Historisches Museum Bern, Verlag Neue Zürcher Zeitung, 2004

Sugimoto, Kenji: *Albert Einstein: A Photographic Biography*, Schocken Books New York, 1989

Collected Papers of Albert Einstein, Princeton University Press.

Volume 1, *The Early Years: 1879~1902*

Volume 2, *The Swiss Years: Writings, 1900~1909*

Volume 3, *The Swiss Years: Writings, 1909~1911*

Volume 4, *The Swiss Years: Writings, 1912~1914*

Volume 5, *The Swiss Years: Correspondence, 1902~1914*

Volume 6, *The Berlin Years: Writings, 1914~1917*

Volume 7, *The Berlin Years: Writings, 1918~1921*

Volume 8, *The Berlin Years: Correspondence, 1914~1918*

Volume 9, *The Berlin Years: Correspondence, January 1919~April 1920*

Caprice, Alice (Hg.): *Einstein sagt. Zitate, Einfälle, Gedanken*, Munich 1997

Clark, W. Ronald, *Albert Einstein*, Munich: 1972.

Dukas, Helen; Hoffmann, Banesh (Hg.): *Albert Einstein Briefe*, Zurich 1981

Einstein, Albert; Born, Max: *Briefwechsel 1916~1955*, kommentiert von Max Born, Reinbek 1984

Einstein, Albert: *Aus meinen späten Jahren*, Stuttgart 1979

Einstein, Albert: *Mein Weltbild*, Berlin 2001

Fischer, Ernst Peter: *Einstein für die Westentasche*, München 2005

Fischer, Ernst Peter: *Einstein. Ein Genie und sein überfordertes Publikum*, Berlin/Heidelberg 1996

Flückiger, Max: *Albert Einstein in Bern*, Berne: 1961.

Fölsing, Albrecht: *Albert Einstein. Eine Biographie*, Frankfurt am Main 1993

Fox, Karen C; Keck, Aries: *Einstein: A to Z*, New York 2004

Frank, Philipp: *Einstein: His Life and Times*, New York: 1947.

Goenner, Hubert: *Einstein in Berlin*, C. H. Beck, 2005

Grüning, Michael: *Ein Haus für Albert Einstein. Erinnerungen, Briefe, Dokumente*, Berlin 1990

Grundmann, Siegfried: *Einsteins Akte. Einsteins Jahre in Deutschland aus der Sicht der deutschen Politik*, Berlin 2004

Hentschel, Ann M.; Grabhof, Gerd: *Albert Einstein: Those Happy Bernese Years,* Stämpfli, 2005

Hermann, Armin: *Einstein. Der Weltweise und sein Jahrhundert. Eine Biographie*, München 1994

Herneck, Friedrich: *Albert Einstein: Ein Leben für Wahrheit, Menschlichkeit und Frieden*, Berlin: 1963.

Infeld, Leopold: *Albert Einstein: His Work and its Influence On our World*, New York: 1950.

Jammer, Max: *Einstein und die Religion*, Konstanz 1995

Leithauser, G. Joachim: *Albert Einstein*, Berlin: 1956.

Marianoff, Dimitri, with Wayne Palm: *Einstein: An Intimate Study of a Great Man*, Garden City, New York: 1944.

Moszkowski, Alexander: *Einstein the Searcher: His Work Explained from Dialogues with Einstein*, London: 1921.

Neffe, Jürgen: *Einstein. Eine Biographie*, Reinbek 2004

Pais, Abraham: *Raffiniert ist der Herrgott... Albert Einstein. Eine wissenschaftliche Biographie*, Heidelberg 2000

Schilpp, Paul Arthur（Hg.）: *Albert Einstein als Philosoph und Naturforscher*, Stuttgart 1951

Schwarzenbach, Alexis: *Das verschmähte Genie. Albert Einstein und die Schweiz*, Stuttgart 2005

Seelig, Carl: *Albert Einstein und die Schweiz*, Zurich-Stuttgart-Vienna: 1952.

Seelig, Carl: *Albert Einstein: A Documentary Biography*, London: 1956.

Stachel, John（Hg.）: *Einsteins Annus Mirabilis*, Reinbek 2001

Trbubović-Gjurić, Desanka: *Im Schatten Albert Einsteins*, Verlag Paul Haupt Bern, 1993

Wickert, Johannes: *Albert Einstein in Selbstzeugnissen und Bilddokumenten*, Reinbeck: 1972.

Zackheim, Michele: *Einsteins Tochter*, List, 1999.

爱因斯坦著：《爱因斯坦文集》（第一卷），许良英、李宝恒、赵中立、范岱年编译，北京：商务印书馆1977年版。

爱因斯坦著：《爱因斯坦文集》（第二卷），范岱年、赵中立、许良英编译，北京：商务印书馆1977年版。

爱因斯坦著：《爱因斯坦文集》（第三卷），许良英、赵中立、张宣三编译，北京：商务印书馆1979年版。

派斯著：《一个时代的神话——爱因斯坦的一生》，戈革等译，上海：东方出版中心1997年版。

李醒民著：《爱因斯坦传》，北京：商务印书馆2005年版。

派斯著：《爱因斯坦传》，方在庆、李勇等译，北京：商务印书馆2004年版。

A.米勒著：《爱因斯坦·毕加索》，方在庆、伍梅红译，上海：上海科技教育出版社2003年版。

爱因斯坦著：《爱因斯坦晚年文集》，方在庆等译，海口：海南出版社1999年版。

F.斯特恩著：《爱因斯坦恩怨史》，方在庆、文亚等译，上海：上海科技教育出版社2005年版。

图片来源

本书中的图片除作者自己拍摄的以外，版权属于不同的机构。我们将其中的主要机构和个人列在下面。经德国马普科学史研究所代为联系，对这些机构和个人惠允我们使用图片表示感谢。尽管我们花了大量气力来确定每一张图片的来源，但还是有些图片不能确定最终所属。敬请相关图片的版权拥有者与我们联系。

Akademisch Historisch Museum der Rijksuniversitat Leyden

akg-images, Berlin

Albert Einstein Archives/Jewish National & University Library, Jerusalem

Albert-Einstein-Gesellschaft, Berne

American Institute of Physics, Niels Bohr Library, New York

American Jewish Archives, Cincinnati

Archives of the Institute for Advanced Study, Princeton

Archives of California Institute of Technology

Bibliothek und Archiv zur Geschichte der Max-Planck-Gesellschaft, Berlin

Bildarchiv Preußischer Kulturbesitz

Bundesarchiv Koblenz

Central Zionist Archives, Jersualem

Desanha Trbuhović-Gjurić

Deutsches Museum, Munich

Eidgenössische Technische Hochschule, ETH Bibliothek, Zurich

Eidgenössisches Amt für geistiges Eigentum

Historisches Museum Berne

Immigration and Naturalization Service, Washington, D.C.

Institut Curie, Section de Physique et Chimie, Paris

League of Nations Archive Library, Geneva

Leo Baeck Institute, New York

Liselotte Stein, New York

Massachusetts Institute of Technology, Cambridge, MA.

Mount Wilson and Las Campanas Observatories, Carnegie Institution of Washington, Pasadena, Calif.

Museum Boerhaave, Leyden

National Archives, Washington, D.C.

Newspictures, New York

Nobel Foundation, Stockholm

Photopress, Zurich

Photoworld, Inc., New York

Schweizerische Landesbibliothek, Bern

Science & Society Picture Libarary, London

Sugimoto, Kenji （杉元賢治）

Sfatni Ziovske Muzeum, Prague

Stadtarchiv München

Stadtarchiv Ulm

Stadtarchiv Zurich

Stiftung Preußischer Kulturbesitz, Berlin

Süddeutscher Bilderdienst

Technisches Museum Wien

Ullstein Bilderdienst

United Press International, New York

Urs Grossmann, Zurich

Wide World, Inc., New York

Wilhelm Ostwald-Archiv

Zionist Archives and Library, New York

致　谢

这本画册是在2005年举办的两次爱因斯坦展览的基础上编辑而成的。无论从内容，还是从体例上都做了较大的改动，并增加了一些以前不多见的材料。关于爱因斯坦的画传，市面上亦不少见。我并不想在此基础上多加一本。之所以在展览结束后，又花了数月时间重新整理，目的只是一个：把一个真实的爱因斯坦呈现在读者面前。我试图把爱因斯坦放在相应的历史背景下，按历史顺序来描绘他的人生历程。有些主题，由于跨越不同的时期，没有严格按照历史顺序。对于一般读者感到陌生的科学内容，也尽可能地减少。但挂一漏万的事不可避免，还望方家匡正。

在准备文稿的过程中，参考和引用了大量的中外文文献，也得到了许多人和机构的大力帮助和支持。对他们的感激之情，无以言表。中国科学院院长基金拨专款支持本书出版。路甬祥院长在百忙之中为本书写序。刘钝所长写了热情洋溢的前言，这些都使本书增色不少。

德国马普学会科学史所的雷恩(Prof. Dr. Jürgen Renn)所长，不只是无偿地提供了一些背景材料，也代我们联系版权；德国柏林"爱因斯坦展"具体负责人伊格豪特(Stefan Iglhaut)先生、库纳斯 (Wendy Coones) 小姐以及以色列希伯莱大学马吉多(Menachem Migdor)校长和古特弗罗因特(Hanoch Gutfreund)教授也都给予我们大力支持。瑞士伯尔尼爱因斯坦纪念馆馆长比尔基(Hermann Bürki)博士、美国霍夫斯塔特大学的卡西迪(David Cassidy)教授、加州大学伯克利分校的卡逊(Cathryn Carson)教授、德国柏林马普科学史所的霍夫曼(Dieter Hoffmann)教授、哈佛大学的霍尔顿(Gerald Holton)教授、伦敦大学学院的米勒(Arthur I. Miller)教授、原耶鲁撒冷爱因斯坦档案馆馆长罗森克兰茨(Ze'ev Rosenkranz)博士、加州理工学院"爱因斯坦文集计划"中心的绍尔(Tilman Sauer)博士、波士顿大学的舒尔曼(Robert Schulmann)教授、斯塔赫尔(John Stachel)教授、哥伦比亚大学的斯特恩(Fritz Stern)教授、日本近畿大学的杉元贤治教授以及美国纽约联合学院的沃克尔(Mark Walker)教授等都是国际上研究爱因斯坦的著名专家，他(她)们或将其有关爱因斯坦的著作送给我，或解答我所提出的疑问，在爱因斯坦展览设计过程及本书的形成过程中提供了宝贵的建议。吉田明惠小姐为我复印了爱因斯坦在日本的有关报道。

没有刘钝所长的坚持，去年的两次展览都有可能不能成行。中国科学技术协会书记处书记程东红、中国科学院副秘书长曹效业、中华人民共和国科学技术部体改司副司长李普、中国科学技术馆馆长王渝生、中国科学院文献情报中心党委书记沈颖、主任张晓林，科技政策局科普办主任马建生、副主任丁颖等人是这两次展览的主要推动者。在此特别感谢。此外，我还要感谢中国科学院自然科学史研究所的李根群、廖育群、汪前进、王扬宗、韩健平、戴念祖、张柏春、郝刘祥、孙小淳、袁江洋、李劲松、朱静、尹晓冬、王浩强、陈明晖、崔家岭、徐国强、王跃、刘晓和王国强等同志，北京外国语大学的钱敏汝教授、李晶、邵京辉、张勇、罗勋等同学，中国科学院理论物理研究所张元仲研究员、王秋涛先生，中国科学院文献情报中心的田宏、罗琳、王文越等同志，中国科学技术馆的田英、李安平、李春才等同志，中国科学院自然科学史研究所方问教授暨纽约城市大学的周道本(Joseph Dauben)教授，以及李和悦、李娜等同志。

如果没有北京大学出版社杨书澜老师和许迎辉编辑的鼎力支持，我不能想象这本书能在这么短的时间内出版。

在此一并致谢。

方在庆
2005 年 11 月 28 日整理
2006 年 3 月 14 日修改